中职生职业生涯规划

主　编	周武杰	林　芳	
副主编	周　岚	沈耀星	沈勤峰
参　编	许白梅	陶婵婵	胡娃娃
	倪　丰	陈　潇	叶晶晶
	吴金木	张佳慧	吴小红
	夏梦瑶	许　萍	陈根娣
	高彦华	姜雪妮	钟秋丽

北京理工大学出版社
BEIJING INSTITUTE OF TECHNOLOGY PRESS

图书在版编目（CIP）数据

中职生职业生涯规划 / 周武杰，林芳主编. -- 北京：
北京理工大学出版社，2021.7
　ISBN 978-7-5682-9930-5

　Ⅰ.①中…　Ⅱ.①周…②林…　Ⅲ.①职业选择－中
等专业学校－教学参考资料　Ⅳ.①G717.38

中国版本图书馆CIP数据核字（2021）第114992号

出版发行 / 北京理工大学出版社有限责任公司

社　　　址 / 北京市海淀区中关村南大街5号

邮　　　编 / 100081

电　　　话 /（010）68914775（总编室）

　　　　　　（010）82562903（教材售后服务热线）

　　　　　　（010）68944723（其他图书服务热线）

网　　　址 / http://www.bitpress.com.cn

经　　　销 / 全国各地新华书店

印　　　刷 / 定州市新华印刷有限公司

开　　　本 / 889毫米×1194毫米　1/16

印　　　张 / 7　　　　　　　　　　　　　　责任编辑 / 徐艳君

字　　　数 / 156千字　　　　　　　　　　　文案编辑 / 徐艳君

版　　　次 / 2021年7月第1版　　2021年7月第1次印刷　　责任校对 / 周瑞红

定　　　价 / 30.00元　　　　　　　　　　　责任印制 / 边心超

当下，各中职学校建立了学生多次选择机制，高度重视职业生涯规划教育，学生在学习过程中尤其是在专业学习过程中需要逐步发现和培育兴趣，明确成长方向，树立发展目标。

然而当学生被赋予选择权的同时也出现了一个问题：学生是否真正会根据自己的实际情况做出适合自己的选择？基于这样一个问题，我们组织了一批长期从事中等职业学校教育教学工作的老师编写了这本《中职生职业生涯规划》教材，供中职高一年级学生使用。

本书以职业生涯发展和职业决策理论为指导，以"主题 + 活动"的形式展开，具体分为探索自我、确立志向、评估机会、职业选择、选择路径、设定目标、制定措施、调整管理八大主题。

围绕每一主题，分别安排两个话题展开，每个话题按导语、生涯故事、生涯导航、生涯体验、生涯泛舟、生涯寄语六个彼此独立又紧密衔接的环节展开。

本书以体验式学习为主，运用启发式、探究式的方法，来引导学生自主学习，全书共有 16 课时。全书由周武杰老师和林芳老师组织编写，林芳老师、周岚老师和沈耀星老师主持研讨商定全书的主题与活动；主题一探索自我由陈潇老师和吴小红老师编写，主题二确立志向由许白梅老师编写，主题三评估机会由陶婵婵老师编写，主题四职业选择由吴金木老师编写，主题五选择路径由倪丰老师编写，主题六设定目标由张佳慧老师编写，主题七制定措施由叶晶晶老师编写，主题八调整管理由胡娃娃老师编写；林芳老师和沈勤峰老师负责统稿，许萍老师、姜雪妮老师、陈根娣老师负责文字编辑与校对，夏梦瑶老师、钟秋丽老师、高彦老师负责插图绘制与调整。

本书形式新颖、内容丰富、特色鲜明，符合中职生实际和发展需求，具有一定的创新性和实践性。当然，由于时间较紧，经验不足，书中不妥之处，恳请从事中等职业学校职业生涯规划教育教学的老师和专家提出宝贵意见。

编　者

Contents
目录

探索自我　主题一

　　习近平总书记在《中央人才工作协调小组关于2013年工作情况的报告》的批示中指出，"开创人人皆可成才、人人尽展其才的生动局面"。对于每一个个体而言，个体的成才道路是不相同的。每一个人都有自己的兴趣、爱好、特长和梦想，都可以从自身实际情况出发，选择适合自己的成才之路，选择不同的岗位，在岗位上充分发挥自己的才能和潜能，创造价值、走向成功，为社会贡献自己的才华。

话题 一 价值观与职业兴趣分析

> "人人皆可成才、人人尽展其才"。在自身感兴趣和擅长的领域，学生更愿意学习和钻研，更能挖掘潜能，发挥才能。提高中职学生的自信心，鼓励学生树立成为大国工匠的梦想，探索职业兴趣和价值观，找到前进的方向。

生涯故事

世界面包冠军蔡叶昭

第 44 届世界技能大赛烘焙项目金牌获得者蔡叶昭，1995 年出生在安徽芜湖的一个小村庄。初中毕业的蔡叶昭去学校学习蛋糕裱花，毕业后，在无锡做了一名蛋糕裱花师，一个月四千到五千的工资。这个过程中他被面包深深吸引，从那时起，蔡叶昭有了明确的人生目标——做最优秀的面包师，做出世界好面包。

当他转行成为一个烘焙学徒的时候，工资只有 1 600 元左右。父母特别反对，然而他还是坚持做自己喜欢的东西。转行做面包师，他每天埋头工作。有一天，他辞去工作，代表母校参加面包比赛。凭借自己的努力与专业能力，他通过层层选拔，一步一步拿到中国参加世界比赛的资格，创下了属于自己的奇迹，获得世界冠军。以他现在的水平，完全可以进入最好的西餐厅，拿着高薪。可是，他还是选择回到母校，当一名老师。他想用自己的经验和经历，告诉每一个迷茫的年轻人：我们可以通过专注自己的技能，去实现自己的理想。

思考：

1. 蔡叶昭为什么放弃蛋糕裱花师，从事面包师工作？

2. 将来在选择具体工作时，你看重哪些因素？

利他主义	美感	智力刺激	成就感	独立性
社会地位	管理	经济报酬	社会交际	安全感
舒适	人际关系	追求新意	`	

最重要的 5 个_____；_____；_____；_____；_____。

生涯导航

约翰·霍兰德，美国著名的职业指导专家。他把职业兴趣类型分为实用型、研究型、艺术型、社会型、企业型和事务型六种类型。

实用型：喜欢使用工具、机器，需要基本操作技能的工作，要求具备机械方面才能、体力，从事与物件、机器、工具、运动器材、植物、动物相关的职业，如技术性职业、技能性职业等。

研究型：喜欢智力的、抽象的、分析的、独立的定向任务，要求具备智力或分析才能，并将其用于观察、估测、衡量、形成理论、最终解决问题的工作，如科学研究人员、工程师等。

艺术型：喜欢的工作要求具备艺术修养、创造力、表达能力和直觉，并将其用于语言、行为、声音、颜色和形式的审美、思索和感受，不善于事务性工作，如艺术、文学工作。

社会型：喜欢要求与人打交道的工作，能够不断结交新的朋友，从事提供信息、启迪、帮助、培训、开发或治疗等工作，如教育工作者、社会工作者等。

企业型：喜欢要求具备经营、管理、劝服、监督和领导才能，以实现机构、政治／社会及经济目标的工作，如项目经理、律师等。

事务型：喜欢要求注意细节、精确度、有系统有条理，具有记录、归档、据特定要求或程序组织数据和文字信息的工作，如秘书、会计等。

生涯体验

一、想一想

假如你有 7 天的假期，要去岛屿度假。共有 6 个不同风情的岛屿，各有特色，你想去哪座岛屿？下面是关于这些岛屿的描述。

A 岛——"美丽浪漫岛"

这个岛上到处是美术馆、音乐厅，弥漫着浓厚的艺术文化气息。岛民们保留着传统的舞蹈、音乐与绘画。许多文艺界人士都喜欢来到这里开沙龙派对寻求灵感。

C 岛——"现代井然岛"

处处耸立着的现代建筑，标志着这是一个进步的、都市形态的岛屿，岛上的户政管理、地政管理及金融管理都十分完善。岛民们个性冷静保守，处事有条不紊，善于组织规划。

E 岛——"显赫富庶岛"

该岛经济高度发展，处处都有高级饭店、俱乐部、高尔夫球场。岛民性格热情豪爽，善于企业经营和贸易活动。岛上往来者多是企业家、经理人、政治家、律师等，这些商界名流与上等阶层人士在岛上享受着高品质生活。

I 岛——"深思冥想岛"

这个岛平畴绿野，人少僻静，适合夜观星象。岛上有很多天文馆、科技博物馆、科学图书馆。岛民们最喜欢猫在自己的小房子里，天天钻研学问，沉思冥想，探究真知。哲学家、科学家和心理学家们在这里约会，讨论学术，交流思想。

R 岛——"自然原始岛"

这是个自然生态优良的绿色之岛。岛上不仅保留有热带雨林等原始生态系统，而且建立了相当规模的植物园、动物园、水族馆。岛民以手工制造见长，他们自己种植花果，栽培蔬菜，修缮房屋，打造器物，制作工具。

S 岛——"温暖友善岛"

这个岛的岛民们性情温和，乐于助人，人际关系十分友善。大家互助合作，重视教育后代。每个社区都能自成一个密切互动的服务网络，处处充满着人文关怀气息。

二、说一说

一共有 7 天游玩时间，除去路上的 1 天时间，剩余 6 天。你可以选择 3 个岛屿，6 天的时间你会如何安排？

你最想去的岛是＿＿＿＿＿岛，度假＿＿＿＿＿天。

其次想去的岛是＿＿＿＿＿岛，度假＿＿＿＿＿天。

最后想去的岛是＿＿＿＿＿岛，度假＿＿＿＿＿天。

三、议一议

你最看重的价值观与你的霍兰德兴趣类型是否相符合？

生涯泛舟

1. 根据你的价值观、职业兴趣类型，你可以做哪些调整或改变呢？

2. 你的职业兴趣类型让你想到自己过往的哪些经历？

生涯寄语

"兴趣是最好的老师"这句话，道出了兴趣在职业选择上的重要性。从事一个自己感兴趣又符合自己价值观的职业，人们可以全身心地投入工作，获得更强烈的幸福感和成就感，在岗位上取得更大成绩。

话题 二 MBTI 性格类型与职业能力探索

话题导语

　　"人人皆可成才，人人尽展其才"。大家知道适合自己尽展其才的方向吗？在寻找适合自己的方向之前，我们需要先了解自己的性格与能力。我们每个人的能力各不相同，都有所偏向，能力有先天就具备的，更多的是后天习得的。

　　有些中职学生喜欢自己的专业，但是不知道自己是否具备相应的职业能力；有些学生认为自己还没有工作，不需要去考虑能力；有些学生意识到自己可以在学校学习中提高自身的能力，但是不清楚自身的能力。通过本堂课，你将探索自身的职业能力、优势能力，以及自己的性格类型，明确职高学习目标，为职高生涯规划打下扎实的基础。

生涯故事

漫画家朱德庸

　　朱德庸，出生于台北市，台湾著名漫画家，毕业于世新大学，电影编导科毕业。在那长达十几年的学生时代，他学习成绩不好，但是对图形敏感，喜欢画画。大学的电影专业并不是他自己的选择，而是被分配的结果，所幸他一直没有放弃画画。渐渐地，不断有媒体为他开设漫画专栏，后来他还进入了台湾最大的报纸之一《中国时报》。毕业后，他边在报社工作，边画画，后来他辞去报社工作，专门从事绘画工作。渐渐地，他成为一位有名的漫画家。其漫画《醋溜族》专栏连载十年，创下了台湾漫画连载时间之最；其漫画作品《双响炮》《涩女郎》《醋溜族》等在内地青年男女中影响极大，并且其作品被拍摄成同名电视剧，受到很多人的喜欢。

思考：

1. 漫画家朱德庸是如何成为一名漫画家的？

2. 你知道你的优势能力吗？

生涯导航

美国哈佛大学心理学家霍华德·加德纳提出了多元智能理论，分成八种智能，具体内容见下表。

八大智能	内容
言语智能	有效地运用口头语言及文字的能力，即听说读写能力，表现为个人能够顺利而高效地利用语言描述事件、表达思想并与人交流，擅长快速阅读、写作等能力。
逻辑—数学智能	数字运算、抽象思维和逻辑推理能力。如有很强的数字运算能力，对事物间的各种关系非常敏感，善于通过数据分析揭示现象和规律等。
视觉—空间智能	对色彩、线条、形状、形式、空间及它们之间关系的敏感性很高，感受、辨别、记忆、改变物体的空间关系并借此表达思想和情感的能力比较强，表现为对线条、形状、结构、色彩和空间关系的敏感以及通过平面图形和立体造型将它们表现出来的能力。
身体—运动智能	用身体来表达想法和感觉，以及运用双手灵巧地生产或改造事物的能力。如善于运动、模仿动作，动手能力强。
音乐智能	感知音调、旋律、节奏和音色等能力，表现为个人对音乐节奏、音调、音色和旋律的敏感以及作曲、改变音乐、演奏和歌唱等表达音乐的能力。

续表

八大智能	内容
人际智能	辨识与了解他人的感觉、信念和意向，并作出恰当反应的能力。如善于处理人际交往中出现的各种状况，能敏锐觉察他人的情感动向，人缘很好，能与他人融洽相处。
自我认知智能	认识、洞察和反省自身的能力。如有明确的目标，常常思考规划未来，能够清晰地觉察自己的情绪想法，善于站在他人的角度考虑问题等。
自然观察智能	对周围环境中的植物、动物、物品进行有效辨识和分类的能力。如擅长养花、照顾小动物，喜欢植物园、动物园、自然博物馆等地方，善于观察植物偏好、动物习性等。

邀请三位同学，请他们选出比较符合你的三种智能。结合同学与自己的观点，将出现次数最多的三种智能作为你自己的优势智能结构。

我的三种优势智能是：_____、_____、_____。

生涯体验

一、看一看

MBTI 性格类型理论主要将人的性格区分为 4 个维度，每个维度有两个方向，共计 8 个方面，分别是外向（E）和内向（I）、感觉（S）和直觉（N）、思考（T）和情感（F）、判断（J）和知觉（P），组成 16 种不同的性格类型。

内向感觉思考判断型	严肃、沉静，因专注和执着而取得成功；务实、有条不紊；尊重事实、逻辑严密、现实、可信，能够承担责任。
内向感觉情感判断型	沉静、友好，可靠、尽责，能全力以赴地承担责任；持之以恒、细致、忠诚、周到。
内向直觉情感判断型	不屈不挠，有原创力，渴望做任何有需要的事；尽最大努力在工作上，很有可能获得别人的景仰，说服别人谋取最佳的福利。
内向直觉思考判断型	有原创力，有较大动力去实现自己的构想和目的；眼界宽阔，很快能发现外在事件的意义；在有兴趣的领域，有很好的组织和实践能力；具有批判性，独立、坚决，拥有高水准的工作表现。

续表

内向感觉 思考觉察型	冷眼旁观者，沉静、保守，以好奇心远远地观察和分析生活，具有非预期的幽默感；关心事件的因果，应用逻辑原则来组织事实；擅长直接切入实际问题的核心，并找出解决的办法。
内向感觉 情感觉察型	沉静、友善、敏感、善良、谦虚，即使有不同意见，也不会勉强他人接受其意见和价值观；不喜欢领导别人，而是忠实的跟随者；喜欢享受眼前的时刻，不急于完成事情。
内向直觉 情感觉察型	沉静的观察者、理想主义者，忠实、重视外在生活与内在价值的一致性；充满好奇心，很快看到事情的可能性，并将之作为实践其想法的催化剂；具有调适的弹性与包容性；较少关注周围的现实。
内向直觉 思考觉察型	沉静且保守，特别喜欢理论和科学探讨；喜欢运用逻辑来分析并解决问题，对意念思考充满兴趣，较不喜欢热闹的聚会和闲聊；常有清楚明确的兴趣，并将该强烈的兴趣应用于职业生涯中。
外向感觉 思考觉察型	擅长切中要害解决问题，喜欢和朋友一起行动，或做机械性工作和运动；适应力强、容忍力佳，注重实用性且获得结果；不喜欢长篇大论，最擅长处理可以掌握、参与或投入的真实事情。
外向感觉 情感觉察型	喜交朋友、善于接纳、对人友善，让每一件有兴趣的事更为有趣，使别人感到快乐；喜欢行动，知道正在发生什么事并且热切地参与；记忆事实比精通理论容易，对需要常识判断且实务技能的情况可妥善处理。
外向直觉 思考觉察型	迅速、聪敏，擅长许多事，警觉性高，口才好；可能因乐趣和人争论不休，善于解决新的、挑战性的难题，但可能会忽略因循不变的工作；兴趣一直转变，很快能找到逻辑性的理由。
外向直觉 情感觉察型	温暖热情、精神高昂、聪明、富有想象力；很快能想出问题的解决办法，帮助任何有困难的人；常依赖即兴创作的能力而非事前充分准备，总能找到让人信服的理由。
外向感觉 思考判断型	务实、实际，倾向商业或机械，对抽象理论不感兴趣，学习须有直接或立即性的应用目的，喜欢组织和操作活动；是很好的行政人员，很快就能做出决定，注意日常细节。
外向感觉 情感判断型	有温暖的心、善于谈话、受欢迎、有良心，能合作且主动参与团体；喜欢和谐氛围，能创造和谐，总是对人很好；在鼓励和赞美下尽最大的努力；主要的兴趣在于直接、显著地影响人们的生活。
外向直觉 情感判断型	负责任，真诚地关心其他人的想法和希望，依据他人的感觉来处理事情；能轻松提出计划或领导团体讨论，社会性强、受人欢迎、富有同情心；对他人的赞美和批评能及时做出反应；喜欢催化他人，协助他人发挥潜能。

续表

外向直觉思考判断型	坦率，是活动的领导者；善于建立并发展全面的方法体系，以解决组织的问题；擅长需推理和知识性的谈话，如公开演说；知识广博，而且喜爱任何能增长知识的活动。

二、说一说

你觉得性格对职业有什么影响？

三、试一试

如果你对 MBTI 性格类型感兴趣，可以查找测验量表进行测验，或者寻找学校心理老师的帮助。在专业量表测验分析后，你的 MBTI 类型是
_____。

生涯泛舟

1. 你的性格类型、优势能力对你的专业发展是否有帮助？

2. 探索职业能力、发掘优势智能、了解性格类型之后，对你的职业规划有什么启发或影响吗？你打算做哪些调整呢？

生涯寄语

任何一个岗位都有相应的岗位要求，一定的职业能力、职业性格是胜任某种职业岗位的必要条件。探索自己的职业能力、性格类型，发挥主观能动性，积极培养自身能力，提高自己的竞争力，合理规划职高生涯，为美好的未来做出努力。

确立志向　　主题二

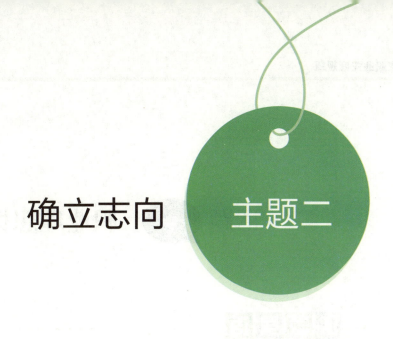

"志不立，天下无可成之事。"志向是事业成功的前提，没有志向，事业的成功也就无从谈起。综观古今中外，各行各业的佼佼者，都有一个共同的特点，就是具备远大的志向。立志是人生的起跑线，反映着一个人的理想、胸怀、情趣和价值观，影响着一个人的奋斗目标及成就。所以，确立志向是制定职业生涯规划的关键，也是个人职业生涯中最重要的一点。

在人生的旅程中，志向，犹如人生的一缕阳光，指引我们亮出自我风采，迎接幸福人生。那么幸福从何而来？习近平总书记说"幸福都是奋斗出来的"。苏格拉底也曾说过：人类的幸福和欢乐在于奋斗，而最有价值的是为理想而奋斗。心怀理想，勇敢追梦，只有这样的奋斗者才是精神最为富足的人，也是最懂得幸福、最享受幸福的人。

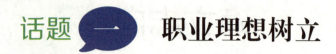

话题 一 职业理想树立

话题导语

　　随着初中学业的结束，步入中职的学生不得不对未来的职业规划与职业准备进行思考并积极应对。此时的学生，需要回望过去，畅想未来，把自己的理想与国家的发展、世界的繁荣、人类的梦想结合起来，脚踏实地，走向世界、走向未来。那么，中职生该如何选择未来的人生方向，树立正确的职业理想呢？

生涯故事

　　一身橘红色工装的裴先峰，是中国石油第一建设公司第三工程处313工程队电焊技师。通过勤奋钻研、苦练本领，短短几年工夫，"90后"的他从一个农村孩子成长为一名技术过硬的青年技师，在2011年世界技能大赛中夺得焊接项目银牌，实现了这一赛事中国人奖牌零的突破。"90后"的小裴充满青春的自信和朝气："练就国家建设需要的过硬本领，才能实现自己的青春梦想。是伟大祖国和伟大时代，给了我梦想成真的机会。有梦想、有机会、有奋斗，就能够成就自己的美好人生。"

　　裴先峰出生在洛阳南郊李楼乡一个叫下庄的村子，这里的村民大都种菜为生，他们家自然也不例外。2006年8月，哥哥考上了大学，他考上了重点高中，但面对高昂的学费，全家人变得愁眉不展。就在这个时候，听说中油一建在南郊有所国家重点技校，主要给石油、化工、船舶、电建等行业输送技术工人，学门技术，将来找工作也方便，就这样，裴先峰走进了中油一建技校焊接班。

"刚开始的时候也不知道为什么，就是不咋地，感觉怎么焊也比不上别人，那时候特别郁闷。"裴先峰说，"后来老师告诉我一方面学好理论，一方面多练习多上手。"不知道是不是原本骨子里就有那种不服输的劲儿，他就是要做到最好。别的同学上网打游戏的时候，他不是看书，就是在联系教室；别的同学总是害怕老师检查自己的试件，他却把自己的试件一一放在老师的眼前，让他们提出宝贵意见。就这样，他的焊接水平从班上中等到优秀再到遥遥领先，最终通过考核成为班上第一个领到焊接中级资格证的人。

思考：

1. 裴先峰的技能一开始就比别人强吗？他在练习中，发生过哪些感人的事迹？

2. 同为中职生的我们，是否有着自己的青春梦想，有着为之奋斗的明晰的"职业理想"呢？

生涯导航

理想是人们对未来的一种有可能实现的向往和追求。

职业理想是个人对未来职业的向往和追求。具体地说，职业理想是人们在职业上依据社会要求和个人条件，借想象而确立的奋斗目标，即个人

渴望达到的职业境界。它是人们实现个人生活理想、道德理想和社会理想的手段，并受社会理想的制约，是人们对职业活动和职业成就的超前反映，与人的价值观、职业期待、职业目标密切相关，与世界观、人生观密切相关。简单地说，是指你将来希望从事的职业是什么，对职业的设想是什么，你所期望的职业要达成一个什么样的目标。

那么，如何树立正确的职业理想呢？

要点一：你得找到自己喜欢的工作。这里可能就会遇到专业不对口的问题了，但是只要是自己喜欢的工作，你自己都会努力去了解这方面的知识。

找对了自己想从事的职业，但是你可能还没有机会进入该行业，其实这个时候不用着急。这时你得多和这个行业的前辈多了解，同时自己得补习这方面的基础知识，这样会给你在开始这个行业的时候一定的底气。

通过自己的努力，进入你喜欢的职业圈，现在成功了一半。

要点二：你得慢慢去观察该职业的发展。结合自身的优势条件给自己制定一个长远的规划，同时一个长远的规划是由一个个短期目标达成的。比如你要当一个自动化工程师，你给自己 3 年的时间；然而你得知道自动化工程师需要哪些方面的能力，对哪些系统有深入的研究，这其间就会有一个个短期的目标等着你去实现。

要点三：你得有一种活到老学到老的心态。一入行业深似海，身在职场的你，需要不时地去关注和了解该职业的最新动态。

生涯体验

一、填一填

对照"生涯故事"里的青春梦想，结合你自己的个人实际情况，完成属于你自己的"梦想清单"。

我的梦想清单

我的梦想：_____

实现梦想的条件：_____

我已经具备的条件：_____

我需要努力的方向：_____

二、查一查

请用一句话归纳下列人物的理想和职业理想，完成表格填写。

人物	理想	职业理想
苏秦		
周恩来		
爱迪生		
李素丽		
裴先峰		

三、想一想

通过刚才对以上人物的不同理想、职业理想的总结归纳，职业理想具有哪些特点？

四、拟一拟

拟一份"职业理想对职业生涯发展的作用"的访谈提纲，利用双休日访问事业有成的本校毕业生，让他们谈谈学生时代的职业理想及其对从业后职业生涯发展的作用，最后在小组会或班会上进行分享。

生涯泛舟

2017年9月，小李带着中考的失利，来到了某中等职业学校烹饪专业学习。当时的他，对未来根本没有什么想法，认为不过就是混三年，拿个文凭而已。

小李的表现引起了老师的注意。老师找他谈心，并对他说，应向班级同学学习，早日确立自己的职业理想，有一个努力的方向。他开始慢慢关注班级其他同学的表现，发现班上好些同学其实都是很用功地在学习，小李觉得自己不能再这样浪费青春。在老师的引导下，他开始确立了自己的职业理想：成为一名优秀的厨师。从此，他开始朝着这个目标努力，变得积极乐观，努力进取。

1. 为什么小李初入职高时，会感觉迷茫和失望？现在的你，是方向明确，学习生活都很有劲呢，还是跟当时的小李一样失落、彷徨呢？

2. 小李想成为一名优秀的厨师，实现这一职业理想的过程中，你觉得他会遇到哪些挫折和困难？当你面对这些困难和挫折的时候，你会怎么做呢？谈谈你的做法。

生涯寄语

树立职业理想，规划职业生涯，以坚韧不拔的毅力、顽强的拼搏精神和开拓创新的行动去为之努力奋斗！相信你们会收获别样精彩的人生！

话题 二 职业定位分析

　　职业定位在中职生择业过程中是个不能绕开且至关重要的环节。中职生的职业定位是否合理和准备？不仅关系到中职生能否找到合适的职业岗位，而且影响着他们今后事业的发展。本课内容的学习，有助于学生明确职业方向，对未来的职业定位有清晰的认识。

生涯故事

　　明辉是某中等职业学校计算机专业毕业的学生，曾想出国留学，因法语口语面试不合格与留学擦肩而过，于是他开始四处寻找工作。他曾在网上投递了多份简历，大都是应聘网络技术工程师之类的岗位，但由于缺乏工作经验，很少有面试的机会。一家药品销售公司给予了他面试机会，但因专业不对口，又无销售工作经验，结果又以失败而告终。后来他进了一家朋友开的公司工作，主要从事简单的计算机操作。几个月后，他觉得长此以往不仅对自己的职业发展相当不利，而且三年的所学将付诸东流。

　　心理的彷徨和迷惘使明辉迷失了求职的方向，看着他不知所措的样子，职业指导师耐心地加以引导和点拨。经过几次职业指导，成功地推荐他到某电子公司参加职业见习。通过一个月的实习，他不仅了解了企业的文化和背景，还学到了书本上没有的知识和技能，心境也豁然开朗。

思考：

1. 故事中的明辉在求职过程中出现了哪几种职业定位模糊的情况？

2. 当明辉冷静下来，他是如何走出失业阴影，步入职业发展正轨的？

生涯导航

职业定位就是要为职业目标与自己的潜能以及主客观条件谋求最佳匹配。良好的职业定位是以自己的最佳才能、最优性格、最大兴趣、最有利的环境等信息为依据的。

职业定位有两层含义：一是确定自己你是谁，你适合做什么工作；二是告诉别人你是谁，你擅长做什么工作。

职业定位的要素有以下三点：

要素一：定职业方向。

通常情况下，职业方向是由本人所学专业和兴趣确定的，但有时要受社会需求的很大影响。现实中，很多人毕业后并不能完全按照自己所学的专业来选择工作，学非所用，用非所学。在这种情况下，就要根据社会需求，调整自己的职业兴趣和个性，修正自己的专业定位，来选择适合自己的职业岗位。有时为了就业，甚至要强制自己去适应自己并不喜欢的职业，但只要这种职业是社会所紧缺的，符合社会发展趋势的，就是有前景的或有发展前途的，所以这种职业方向也是应选定的。职业方向是职业生涯中的关键策略之一，也是定位自己的主要目的。

要素二：定就业地点。

确定自己职业发展的地点，不仅要考虑就业地点的经济发展状况、收入高低，更要考虑到竞争的激烈程度、观念差异、心理承受能力、有没有发展潜力等因素。围绕一个职业的长期稳定发展，对自己的职业成就和资历大有裨益，所以，确定就业地点是定位自己的题中之义。

要素三：定自己的主观位置。

这就是通常意义上所说的定位，即对自己的水平、能力、心理承受程度、兴趣爱好等进行全面分析后所确定的自己的主观位置。这个位置不能过低，也不可过高。一般来讲，根据自己的实际情况，确定在自己的职业方向中从基层做起、从基础做起，逐步积累经验，循序渐进，谋求发展的定位才是较科学的。这是准确定位自己中最关键和核心的"一定"。所以这一阶段，自我定位的科学与否直接关系到中职生职业生涯规划的科学性和可行性。

生涯体验

一、选一选

一般情况下，中职生就读的专业决定了他们是面向各个行业的一线生产岗位就业，进入劳动密集型企业工作的也不在少数，作为其中的一员，你应持何种心态？（　　）

A. 正视眼前的现实并积极面对，认为这是成长过程的历练与磨砺，在控制情绪、能力素质上下功夫

B. 认为是一种折磨，充满抱怨，采取逃避、消极的态度，以自我为中心，不懂得换位思考

C. 一旦遇到挫折，不分大小，只聚焦挫折本身想事情，不懂跳出问题来看，认为世界一片黑暗、充满绝望

D. 面对得失，努力调整，平衡心态，注重自己言行举止，照顾他人感受

E. 感到绝望、无助时，能够找人倾诉、求助，解开内心郁结

二、辩一辩

人们常说，"学 MBA 吧，大家都在学""出国吧，再不出国就来不及了""读研究生吧，年龄大了就读不动了"。

请你从正、反两个方面来分析这一职业定位的利与弊。

三、议一议

诸葛亮先生去一个公司应聘，公司主管说诸葛亮先生没有文化、不懂英语，也不懂计算机，就没有聘他。现在想让诸葛亮先生在你精心选择的培训班接受培训后顺利实现就业，因此提供如下培训班：健身班、财会班、英语班、电脑班、家政班、汽车驾驶班、心理素质培训班、礼仪培训班、交际口才培训班、职业道德培训班。

要求：请你从中选出三个你认为诸葛亮先生最需要的培训班，并说明具体理由。

四、想一想

歌唱家李双江在入学的时候收到两张录取通知书，一张是音乐学院的，一张是医学院的，他根据自己的特长选择了音乐学院，最后成了一名著名的歌唱家，这个故事给你什么启发呢？

生涯泛舟

据调研，各地的电子、玩具、艺术品等行业，部分"80后""90后"员工存在以下现象：一是跳槽频繁；二在工作态度上，缺乏主动性，推一推，动一下；三在工资消费方面——从"月光族""日光族"，进而进化到"啃老族"；四是到了25岁或更长一些如二十七八岁迫于家庭经济压力等原因才愿意安下心来工作……

思考：

从十八九到二十七八岁的近10年时间，是人一生最宝贵的阶段，作为一个初入职场的你，打算怎样度过这段人生的黄金阶段呢？

生涯寄语

不要过分在意公司的名气、薪资的高低，只要这家公司、这个岗位适合我，是我所向往和追求的，就应该去试一试，争取被录用。确立从基层做起、从基础做起，逐步积累经验，循序渐进，谋求发展的思想理念，可能对你的一生都会有好处。

主题三　评估机会

　　每个人都有自己想要成为的样子。有人想成为媒体剪辑师，一帧一帧记录社会变迁；有人想成为动漫设计师，创作各种灵动的动漫人物；有人想创业当老板，"我的人生我做主"。

　　意义疗法的创始人维克多·弗兰克博士认为，"人是一种寻求意义的生物，追寻生命的意义是一个人最基本的动机。"

　　青春是用来奋斗的。中职生如何才能让梦想变成现实呢？面对社会万象，如何发现并选择适合自己的生涯发展机会呢？这时候的你，需要来一场生涯机会评估，全方位地了解职业生涯发展中的各种因素。

话题 一　个体因素分析

话题导语

　　对中职生来说，只有从众多机会中找寻出有价值的个人职业生涯发展机会，并积极采取行动，才能更好地把握未来，成为"自己想要成为的样子"。那么，什么才是有价值的个人发展机会呢？中职生如何通过个体因素分析去发现自己的职业生涯发展机会呢？

生涯故事

　　李小宾是某中职学校计算机专业网络技术运用方向的优秀毕业生。选择实习就业的他在高三那年加入学校与某知名信息技术企业联办的"青匠班"开始职业化培训，毕业后入职阿里巴巴，成为"为公司修电脑的男人"。刚进部门时，他就被一份积攒多年的历史工单惊呆了，里面列举着上万个曾出现的 IT 问题，部门要求每个人都滚瓜烂熟，半个月后考核。面对这个入职下马威，他凭着努力在 15 天的时间里学习了上百款产品，顺利通过了考核，入驻 IT 热线团队，为单位员工使用的上百个日常办公软件提供支持。

　　有了一定的工作经验后，为了更高效地解决 IT 日常问题，李小宾开始钻研产品后端的原理和代码，自学 Linux、Python，开发出自动检查电脑、监控产品服务器性能的自动检测工具。这些工具现在已经运营在了阿里的一款办公软件上，极大地提升了服务效率，李小宾也成为办公室里"智慧服务标兵"。

思考：

1. 高三加入"青匠班"开始职业化培训，入职考核遭遇下马威，这些经历在李小宾的职业生涯发展中有什么作用？

2. 若想在未来的职业发展中获得更大的成功，他应该在哪些领域（具体方面）有所规划、改进或行动？

生涯导航

职业机会评估是我们在进行职业生涯决策前所必须进行的一个步骤。青年学生在逐步了解真实自我（客观现实）的基础上，只有找准切入点，才能事半功倍地达成未来目标（生涯定位）。个体因素分析，正是"找切口"的过程。个体因素分析主要包括对个人的需求、能力、兴趣、性格、气质等的分析，其最终目的一方面是正确认识自己、了解自身的能力特质，另一方面是了解人职匹配，了解什么样的职业比较适合自己，从而更加科学地确定职业目标。

机会普遍存在于职场生涯发展过程。机会只给有准备的人。对于中职生而言，如何进行个体因素分析呢？有三种方法。

方法一：SWOT分析。针对个人的职业兴趣、性格特点、专业技能水平、机会等进行综合评估，一般由五步组成：一是罗列优点；二是整理经历和成绩；三是筛选和反思；四是匹配具体职业；五是找出个人资本。通过这种方法可以帮助人们知道"什么样的机会对我来说才是机会"。

方法二：机会橱窗分析。借助直角坐标不同象限来表示机会的不同程度，一般可以分成四块橱窗，分别对应的是"适合且有机会""适合无机会""不适合但有机会""不适合且无机会"。通过这种方法可以帮助人们知道"我是否应该抓住机会"。

　　方法三：反思梳理法。这种方法是针对前面两种方法的融合使用，即借助自我反思的力量，梳理出职业生涯中的个人机会，形成自己专属的生涯档案，并按照自己所设定的重要性程度有序进行管理和行动策划。

生涯体验

一、填一填

　　某微信公众号平台招聘编辑 1 名，请根据"生涯故事"板块里主人翁李小宾的实际情况（包括专业、职业兴趣、已有经验等方面），替他完成下图《我的个人机会四象限》，并在方框内写出具体理由。

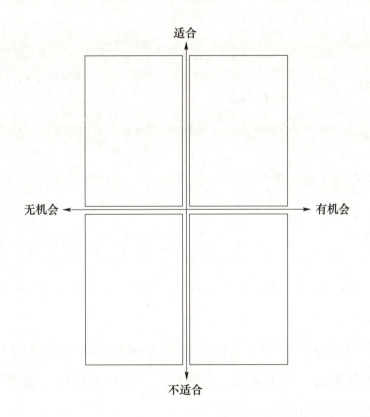

二、想一想

假如生涯故事中的李小宾想通过 3 年的时间，从职场新人快速成长为 IT 热线团队的主管，请问：他能获得这样的职业生涯发展机会吗？请列明理由。

三、查一查

个人因素分析有很多种方法，这些方法都具有的共同点是要对自己有清晰的认识，并且能够根据自身实际去衡量、判断、决策。个体因素分析有哪些需要注意的地方呢？请搜集资料，将下表补充完整。

我的职业理想是（　　　）	
我的个人因素分析表	
内容	具体描述
兴趣爱好	我有怎样的兴趣爱好，我的这种兴趣爱好是否有助于职业理想的实现？
所学专业	我所学的专业和未来的就业岗位是否对口？

四、看一看

观看电影《穿普拉达的女王》，感受女主角安迪如何从自身条件出发，一步步抓住机会，敢于挑战，最终成功摆脱初入职场的迷惑，实现了从一名职场菜鸟到白领丽人的蜕变。

生涯泛舟

小刘是某中等职业学校旅游服务专业的学生，她的职业理想是成为一名成功的导游，以下是她写在职业生涯规划书《我的导游梦》里的自我分析。

长大后我想成为一名成功的导游，有自己的事业，和父母幸福快乐地生活在一起。

我是个热情开朗的女孩，喜欢跑步、旅游、摄影，待人友好，为人诚实谦虚，有耐心和亲和力。喜欢做志愿者服务，有一颗乐于助人的心。喜欢挑战，积极参加社团活动，特别喜欢参加演讲比赛，演讲让我的世界更加广阔，也锻炼了我的胆量，不再害怕在众多人面前讲话。"踏实做事，诚实做人"是我为人处世的原则。对于学习，我脚踏实地、有上进心。我是个爱玩的孩子。在处理事物方面有时会感情用事、优柔寡断，自控力和决断力欠佳。我的职业兴趣测评结果是社会型。通过该测评，适合我的职业主要有：①演员；②营销师；③导游。我的性格类型倾向是 ESFP 型。

---

1. 在分析职业生涯发展中的个体因素时，小刘采用的是哪种方法？除此之外，还有哪些评估方法？

2. 假如你是小刘的好朋友，你会如何帮助小刘进行一次系统、全面的个体因素分析呢？请结合本节课所学，谈谈你的做法。

生涯寄语

知人者智，自知者明。个体因素分析有助于帮助中职生发现并抓住"适合自己"的机会，进行科学的生涯决策，开启美好的职业人生！

话题 二 环境因素分析

话题导语

世界上的每一个人都处在一定的环境之中，离开了这个客观环境，人类便无法生存。可见，如何在复杂多变的环境中找到最适合的生涯发展路径尤为重要。职业生涯机会评估需要从了解我们所处的环境开始。

生涯故事

小张毕业于某职业学校商品经营专业。职高学习期间的他是个活跃分子，甚至有点调皮捣蛋，但是他的人际关系好，交际能力强，组织活动大家都愿意参与，是学校格子铺社团的社长。他最喜欢上的课是广告学和市场营销，经常在班级里、社团里策划一些小活动，还全程参与了学校首届"营销精英争霸赛"的组织，在市里举办的创业计划比赛中屡获佳绩。毕业后，他去了一家销售公司，在师傅的带领下，在3个月内从一名普通的销售人员做到了总经理助理，积累了一定的管理经验。两年后，小张家乡举行了首届青年创新创业大赛，获奖者可以得到创业资助和商铺租赁的优惠。小张报了名但没有获奖，失败后的他萌发了创业的念头，他喊上高中社团里的几个好哥们儿，成立了一家广告公司，申请并获得了大学生创业扶持资金。目前公司渐渐走上了正轨。

思考：

1. 故事中的小张走上了创业的道路，哪些因素起了作用？

2. 小张是如何利用这些因素推动自己职业生涯发展的呢？

生涯导航

环境因素特指职业生涯发展的外部环境，包括重大事件、家庭背景、人际关系水平、社会经济发展水平、劳动力市场、企业文化等等，也可以笼统地分成家庭环境、社会环境、行业环境和组织环境。

外部环境对职业生涯规划的影响巨大。从 SWOT 分析的角度看，外部环境用 O 和 T 表示。O 对应的是机会（Opportunity），指个体不可控但可以利用的外部积极因素。T 对应的是威胁（Threat），指个体不可控但可以使其影响弱化的外部消极因素。正确掌握 SWOT 分析技术有助于中职生做出适合自己的职业决策。在实际生活中，人们了解外部环境主要采用以下三种途径：

第一，信息检索。信息素养是新时代中职生的必备素养。通过网络检索的方式获得职场信息从一定意义上看是了解职场最快速的方法。需要提醒的是，要浏览官方网站，确保检索信息的真实性，不要道听途说，更不要轻信谣言；还可以进行文献检索，查看报纸杂志，了解职业环境。

第二，调查访谈。针对你想要了解的主题，选择相关的人员，通过问卷、采访等形式了解企业文化、用人规格、岗位需求等；也可以通过询问身边熟悉的人，比如父母、学长、亲友等来获取相关信息。

第三，职业体验。深入职场环境，参加学校、社会场馆组织的职业体验活动，利用节假日到企业实习，通过真实的工作经历深入探索职业世界，零距离感受职场生活，了解职业规则。

生涯体验

一、填一填

阅读生涯故事，小张在下图显示的四个领域有哪些发展机会和威胁？请结合故事找一找，把图形填充完整。

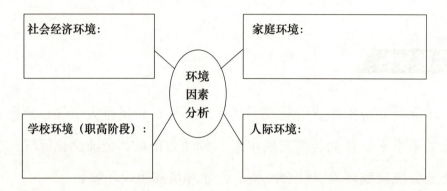

二、练一练

现在的小张已经创业成功。你能给小张列出几条有利于他未来职业生涯发展的建议吗？

三、议一议

据人民日报 2020 年 7 月 6 日电，人社部联合市场监管总局、国家统计局正式向社会发布"区块链工程技术人员""城市管理网格员""互联网营销师"等 9 个新职业。这是我国自《中华人民共和国职业分类大典（2015 年版）》颁布以来发布的第三批新职业。此次还发布了"直播销售员""互联网信息审核员"等 5 个工种，同时将"公共卫生辅助服务员"职业下的"防疫员""消毒员"和"公共场所卫生管理员"等 3 个工种上升为职业。

国家为什么要推出一批新职业？这些新职业的公布会影响你的职业选择吗？请谈谈你的理解和应对。

四、做一做

SWOT 分析是一种自我分析工具，是在综合分析对象所处的内外环境优势、劣势、机会、威胁之后，借助列出的 SWOT 矩阵，趋利避害、取长补短，制定出发展战略。

请在对自己进行全面分析的基础上，结合"未来想从事的职业"和"现在所处的环境"，分析自己的职业生涯发展机会，完成 SWOT 表格。

内部因素 外部因素	优势（S）	劣势（W）
机会（O）	SO（优势＋机会）	WO（劣势＋机会）
风险（T）	ST（优势＋风险）	WT（劣势＋风险）
我的职业理想是（　　　　　　）。		

生涯泛舟

中职生进入学校后，专业就确定了，一般不能更改。那么，你了解你所学的专业吗？你知道你所学的专业对应的职业岗位有哪些吗？未来，你的职业生涯发展会受到外部环境因素影响吗？这些环境因素会如何影响职业生涯发展呢？

我所学的专业	我的专业对应的职业岗位	影响我未来职业发展的环境因素
	1.	1.
	2.	2.
	3.	3
	4.	4
	5.	5.
	6.	6.

在你所罗列的这些环境因素中，哪些是可能的机会（O），哪些是潜在的威胁（T）？请结合自身实际，想一想，写一写。

	机会（O）	威胁（T）
职业生涯发展中的环境因素		

生涯寄语

　　未来有无限可能，精彩的外部世界正等着我们去探索。正确对待职业生涯发展中的环境因素，发现潜在的机会，用好身边的资源，定能成就出彩人生！少年们，去行动吧！

职业选择 主题四

　　人的一生总要经历千千万万种大大小小的选择，其关键在于自己如何选择。总之，每个人都有从十字路口经过的时候，有人可能从容地走过，也有人会站在中间，徘徊着、彷徨着，有种进退维谷、不知所措的感觉。生命的最高境界，就是选对舞台，尽情挥洒才华，走出自己的路。那么，如何正确选择自己的职业，职业选择时要考虑哪些因素呢？

　　职业选择时要充分考虑两大因素，即认知自我和认知社会。认知自我，包含职业能力、个性特质和职业价值观；认知社会，包括社会环境分析、职业发展趋势分析和行业发展趋势分析。

话题 一 认知自我与职业选择

话题导语

苏东坡在他的七言诗《题西林壁》中写道："横看成岭侧成峰，远近高低各不同。不识庐山真面目，只缘身在此山中。"随着心理学的发展，越来越多的人开始关注个人成长，实现个人成长过程中最困难的部分就是"认知自我"。

职业的选择是一个人对未来人生道路和生存方式的选择，在当今人才竞争日趋激烈的时代，如何做好认知自我与职业选择显得尤为重要。

生涯故事

小叶，2015 年 9 月进入金华市某学院电气技术专业学习。他从小接受父母"不管干什么活，都要把活干漂亮"的教诲，在潜移默化中萌发了一颗技能成才之心。在中考成绩与重点高中无缘时，父母问他想学什么，他就坚定地说："那我以后就去技工学校学习一门技术！"

报名时，接待的吴老师问其想学什么专业时，他犹豫了，想学什么半天回答不上来。吴老师建议他与家长回去思考好了再做决定，同时，建议其根据自己的兴趣爱好、性格特点、个人专长、动手能力等方面进行综合考虑。经过三天的思考，他信心满满地向吴老师说："我决定了，就读电气技术专业。"

他深知只有自己学好专业技能，掌握真本领，才不会辜负父母的期望，才不会让自己的梦想破灭，所以他愿意付出比别人更多的努力。当有的同学还沉迷在游戏中不可自拔时，他已经预习完了整册的书籍；当有的同学还沉浸在父母的溺爱中时，他已经利用课余时间，多次悄悄溜进实训室，想象自己操作设备的画面；当有的同学还在为当初自己的选择是否而正确举棋不定时，他已经制定了自己的奋斗目标：我要用我自己的一双巧手将自己打造成"高技能工匠"，实现自己伟大的大国工匠梦！他的勤奋赢得了班主任和任课老师的赏识，被推荐参加校技能集训队。2017 年在第二届全国工业机器人技术应用大赛中他取得了全国一等奖（第二名）的好成绩。

思考：

1. 小叶的职业选择与技能成才故事带给你什么启发？

2. 如果他想获得更大的成功，请你站在小叶现在所处的位置上，帮他列一列哪些方面需要进一步的改进和提升。

生涯导航

一、价值观的定义

价值观是指我们在生活和工作中所看重的原则、标准或品质。它指向我们一生中最重要的东西，因此它也是一套自我激励机制。

二、价值观与职业选择的关系

价值观是一个人考虑问题时所看重的原则和标准，是个体内在的驱动力；价值观在一个人的生涯发展中往往起到极为重要的、决定性的作用，甚至可能会超过自身的个性特征对职业选择的影响。在经济飞速发展的新时代，一个人越清楚自己的价值观，越了解自己在工作和生活中想要寻求什么、什么东西对自己最重要，那么，他的职业选择目标也就会越清晰。当现实与理想发生冲突时，他就能清醒地认识鱼与熊掌不可能兼得，他也更容易作出正确的决策。

三、职业能力的定义

职业能力是指人们从事其职业的多种能力的综合。职业能力可分为一般职业能力、专业能力和综合能力。

四、职业能力与职业选择的关系

当一个人的职业能力与工作的要求相匹配时，最容易发挥自己的潜能，并且容易获得满足感。相反，当一个人去做与自己职业能力所不及的工作时，就会感到焦虑，容易产生挫败感；当一个人职业能力超出工作要求太多时，容易产生枯燥乏味、缺乏挑战性的感觉。因此，在选择职业时，每一个人都需要正确认知自己的职业能力，寻求与自己职业能力相适应的工作。

五、气质的定义

气质是指人的心理活动的强度、速度、稳定性、灵活性和指向性等方面的特点的表现。古希腊医学家希波克拉特在公元前 5 世纪就提出了气质学说，他认为人的状态主要取决于人体内液体的数量关系，并根据人体内各种不同性质的液体的占比，将人分为四种类型：多血质、胆汁质、黏液质和抑郁质。

六、气质与职业选择的关系

因为人的所有行为都是由动机与态度决定的，气质与一个人的职业环境没有直接的关系，但气质往往会对人所从事的工作和行为造成一定的影响。在求职过程中，气质是一个十分重要的、不可缺少的重要因素。了解自己的气质类型，能帮助你正确地选择自己相适应的或相匹配的职业，有助于自己在今后工作岗位上激发潜能。气质具有可塑性，了解自己的气质特点，有助于在实践中有意识地适应职业的要求调整或改变自己的气质，做到扬长避短，使自己的气质符合职业的需求。

七、性格的定义

性格是指一个人对现实比较稳定的态度和与之相适应的、习惯性的行为方式上的个性心理特征。一个人在社会上生活，具有良好的性格品质对于自身的工作、学习、生活和社会交往都具有非常积极的作用。

八、性格与职业选择的关系

性格和职业的关系是彼此制约和相互促进的，性格反映了一个人的生活，同时又影响着人的行为方式。在个人职业选择时，性格特征是必须考虑的一个重要因素，要认真分析自己的性格特征，有意识地克服自己性格的弱点和消极因素，做到扬长避短，发挥性格品质的积极因素。选择与自己的性格特征相符的职业，对你今后的工作、发展具有非常重大的意义。

九、兴趣的定义

兴趣是指人的认识需要的表现形式，它使人对某样事物给予优先的注意，并带有积极的情绪色彩。兴趣是人积极探索某种事物或进行某种活动的心理倾向。职业兴趣是兴趣在职业选择活动过程中的一种表现形式，是个体对职业环境中的人、事、物的喜好程度以及对职业活动主动接触参与的积极心理倾向等。

十、兴趣与职业选择的关系

兴趣是影响人们工作满意度、职业稳定性和职业成就感的重要因素，同时也是对职业进行分类的重要基础。霍兰德指出：个人兴趣类型与职业环境之间的适配将增加个人的工作满意度、职业稳定性和职业成就感。占主导地位的兴趣类型可以为个人选择职业和工作环境提供方向，我们可以通过霍兰德提出的六角形模型来分析职业类型之间的关系。通过霍兰德六角形模型测评工具得出自己的兴趣代码后，就可以找出与自己相匹配的职业，从而了解自己适合于哪些工作领域。

生涯体验

一、想一想

根据马斯洛需求层次理论，想一想你最希望获得哪个层次的需求？什么因素最能刺激你更加努力地学习和工作？

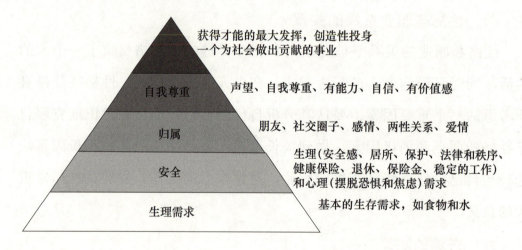

获得才能的最大发挥，创造性投身一个为社会做出贡献的事业

自我尊重——声望、自我尊重、有能力、自信、有价值感

归属——朋友、社交圈子、感情、两性关系、爱情

安全——生理(安全感、居所、保护、法律和秩序、健康保险、退休、保险金、稳定的工作)和心理(摆脱恐惧和焦虑)需求

生理需求——基本的生存需求，如食物和水

二、议一议

请根据下面提供的小故事，议一议，如果你身为他们当中的一员，你会如何选择？

有三个人，要被同时关进监狱，时间都是三年。事前，监狱长答应满足每个人一个要求。美国人爱抽雪茄，要了三箱雪茄；法国人浪漫，要了一个美丽女子相伴；犹太人则要求给自己安装一部电话。

三年很快过去了，美国人从烟雾绕中走了出来；法国人出来时，怀里抱着一个孩子，旁边女人的手里牵着一个孩子，肚子里还怀着一个孩子；犹太人出来后，紧紧握住监狱长的手说："谢谢监狱长，三年来，我天天与外界联系，生意丝毫没有受到影响。虽然我人在监狱，却一样赚了不少钱。"

三、列一列

职业能力是人们从事其职业的多种能力的综合，请你认真阅读下面的寓言小故事，结合自己所学的专业，列一列你应该具备哪些职业能力？

一个渔夫有一个鱼竿和一筐鱼。在路上渔夫遇到两个人，一个人要了一筐鱼，很快，他就把鱼吃光了，后来就饿死了；另外一个人要了鱼竿到海边钓鱼，但是他还没有到海边就饿死了。

四、看一看

电影《弗兰克》讲述的是一名自闭症音乐天才弗兰克的梦想与现实碰撞的故事，观看电影，感受他是如何在不正常的世界里寻找自我的。

生涯泛舟

著名的生涯辅导理论家霍兰德自20世纪70年代以来，提出了一系列的研究假设。他认为职业选择是人格的一种表现，某一类型的职业通常会吸引具有相同人格特质的人，这种人格特质反映在职业上就是职业兴趣。

霍兰德将职业兴趣归结为以下六种类型：实用型（Realistic Type，简称 R）、研究型（Investigative Type，简称 I）、艺术型（Artistic Type，简称 A）、社会型（Social Type，简称 S）、企业型（Enterprising Type，简称 E）和事务型（Conventional Type，简称 C）。

霍兰德提出了六角形模型来解释六种职业类型之间的关系：在六角模型中，任何两种类型之间的距离越近，其职业环境及人格特质的相似程度就越高。如霍兰德六角形模型所示：企业型和社会型在六角形模型中是相邻的类型，它们的相似性也最高，因为这两种类型的人都比其他类型的人更喜欢与人打交道，只是他们打交道的方式不同而已。事务型和艺术型处于对角线的位置上，它们就缺少一致性而具有相反的特质：事务型的人喜欢循规蹈矩，而艺术型的人则追求自由与个性化。同学们可以自行通过测试软件测试并了解自己的职业兴趣类型。六角形模型可以帮助我们对兴趣类型与职业环境类型之间的适配性进行评估。

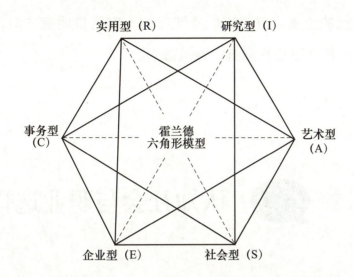

1. 充分利用官方网络公布的测评方法，对自己的职业价值观、职业能力、个性特征进行逐项测评，并将测评结果填入下表。结合霍兰德六角形模型理论进行综合分析，选择自己最适合的职业。

项目	测评结果	综合分析	最适合的职业
职业价值观			
职业能力			
个性特征			

2. 以小组为单位分享你职业选择的结果，畅谈学习中的感受和收获。

话题 二  认知社会与职业选择

话题导语

　　人的一生经常会遇到十字路口，会面临多种选择。正确的选择有利于你的成长和发展，不正确的选择可能会给你今后的人生发展带来障碍。

　　现代职业的发展速度不断加快，这就要求择业者善于把握社会发展的脉搏，通过对国家政策、就业形势，行业需求、职业与行业的发展趋势等方面进行分析，以发展的眼光看待问题，寻找那些有潜力、有发展机会、符合社会发展趋势的职业，这样，才能使自己在不断变化的职业市场中做到从容不迫，游刃有余。

生涯故事

　　章某，1997年9月进入金华市某学院钳工专业学习。在校期间，他制作每一个工件都精益求精，打磨模具不求速度，但求精度。2000年他进入企业当学徒，2002年他迷上了刚刚兴起的数控技术专业，于是开始频繁出入图书馆，研读相关知识并做到学以致用，改进企业数控工艺各程序，大大提高了企业的生产效率，还被企业任命为数控组组长。

2005年，章某为了获得参赛资格，放弃了企业丰厚的工作报酬，毅然回到母校担任外聘数控指导教师。在这里他的理论知识和实践技能进一步得到提升。第一次到北京参加全国技能大赛，章某就获得了全国第二名的好成绩，在庄严的人民大会堂，他被授予了"全国技术能手"称号，并破格晋升为数控高级技师，完成了人生的首次飞跃。

2006年，章某作为浙江省首批最年轻的高级技师，被金华某技术学院引进，成为机电学院数控专业的指导老师。多年来，他指导学生参加13次技能比赛，获全国职业院校技能大赛一等奖、浙江省一等奖等30余项，造就了一批又一批工匠。

从学徒工到全国技术能手、从普通工人到大学教师，31岁的章某实现了他人生的两次飞跃。如今，他成为金华某技术学院液压动力研究所副所长。

思考：

1.请你仔细阅读材料，谈谈章某实现从学徒工到全国技术能手、从普通工人到大学教师两次飞跃的故事带给你什么启发。

2.当你处在职业生涯选择的十字路口时，你会考虑哪些社会因素？对职业选择你会作出哪些改变呢？

生涯导航

一、社会环境分析

人与社会密不可分，人不可能脱离社会。对社会发展大趋势有一个清晰的认识，有助于学生把握社会对职业的需求，使自己的职业选择紧跟时代发展的步伐。因此，对社会环境的了解和分析也是人们进行职业选择时必须考虑的内容之一。对社会环境的分析主要涵盖以下几个方面的内容：

1.国家政策。随着社会的不断发展，职业的发展会发生不断更迭，行业的发展也会不断发生变化。国家的指导性政策法规，会随着时代的发展、职业和行业的变化而不断地进行修订。为此，国家政策的变化对职业生涯的发展具有一定的影响，个人在进行职业选择时要时刻关注国家政策法规的相关信息，及时地对自己的职业规划作出相应的调整。

2.就业形势。从社会发展情况看，中专、中职、技校生已经通过自己在学校学到的一些技能改变了人们的一些看法，而且现在很多岗位缺口大，需要招聘大量的专业人才，中专、中职、技校生是最好的选择，他们在学校就读的周期短，可以跟上企业的发展脚步。

3.行业需求。据统计，国家对机械制造业、模具设计与制造业、电子电器制造业、信息产业、旅游和餐饮业、服装设计与营销专业、销售业的人才需求量非常大，而且随着产业的发展，中职人才的需求正迅猛增长。

二、十大热门职业分析

随着社会的发展，职业竞争也将越来越激烈，目前十大热门职业有同声传译、信息技术工程师、网络媒体人才、物流师、系统集成工程师、环境工程师、精算师、报关员、中西医师／医药销售、注册会计师。

三、十大热门行业分析

行业的发展与市场的需求息息相关。就目前情况看，十大热门行业有金融银行业、保险经纪人、会计行业、传播媒介、人力资源、公关行业、互联网行业、教育和培训行业、文化娱乐行业、信息安全分析行业。

一、想一想

阅读生涯故事，章某在职业生涯遇到十字路口时，是如何把握国家政策，实现人生飞跃的？如果故事的主人公是你，你又会如何抉择？

二、议一议

请认真阅读下列材料，如遇到行业政策出现变化时，你会在职业选择时作出哪些调整呢？

2017 年，《建筑业发展"十三五"规划》已经明确要求，到 2020 年新开工全装修成品住宅面积达到 30%。在党中央的领导下，各个地方已经出台了房屋"精装修"政策，其中明确提出全装修覆盖率，努力提高全装修渗透率，加快入住速度，为全面建设小康社会而努力。每个地方所出台的政策有所不同。如辽宁省要求 2020 年年底，全省新建住宅中全装修面积比例不低于 50%；山东省要求新建高层、小高层住宅 2018 年全装修覆盖率 100%；江苏省要求一半以上新房以成品房交付。根据以上政策可知，很多一线城市都将在 2020 年实现精装修商品房出售，这是未来的趋势，

在一定程度上加快了都市生活节奏，有利于经济发展。

三、读一读

到国家官方网站上查阅与自己专业相关的职业、行业及国家政策，想一想，自己应该把握哪些机会和有利因素。

四、看一看

观看电影《当幸福来敲门》，电影讲述了一位濒临破产、老婆离家的落魄业务员，如何刻苦耐劳地善尽单亲责任，奋发向上成为股市交易员，最后成为知名金融投资家的励志故事。

生涯泛舟

职业会随着社会的发展而不断更新换代，不符合时代发展的旧职业会不断地淘汰，符合社会发展需求的新职业会不断地产生。根据职业发展的变化，国家会在《中华人民共和国职业分类大典》中对新的职业予以公布。从就业情况看，也并非你学什么专业，就一定能从事这个专业，需要你根据实际情况作出调整。请你从自身出发，结合自己的专业，谈谈当你选择的职业发生变化（或消亡）时，你将会对职业作出怎样的调整？列出自己调整的理由，以小组为单位进行讨论。

生涯寄语

社会环境不会因某人而改变，需要改变的是我们面对环境的态度，你要做的不是责怪，而是思考、应对和改变。你改变不了环境，但可以改变自己；你不能预知明天，但可以把握明天。

主题五　选择路径

我们的每一个选择，都在创造属于我们自己的人生；虽然我们无法预测最后的结果，但每一个当下的选择都在决定我们的未来。中职生勤学文化、苦练技能，毕业后离开校园找到了一份自己满意的工作。而初涉职场的新人，绝不能一上来就是苦干、蛮干，一定要保持头脑的清醒，为实现自己的职业目标，选择适合自己的路线和方向。下面就让我们一起来探讨如何选择职业生涯路线吧。

图片来源：视觉中国 www.vcg.com

话题 一 认识职业生涯路线

话题导语

　　人们常说条条大路通罗马，讲的是道路多、选择多、办法多的道理。可是那么多道路到底哪条是到罗马最近最好走的路呢？这就是实现目标中的路线选择问题。选择了捷径好路，就易于进入职业发展的快车道，否则，就会耽搁在路上。而且没有一个职业发展的路线蓝图，就会走错路，走弯路、走回头路，这将直接影响我们的心情和成就，导致我们的努力、动力、能力不能直接作用于目标，就会产生资源、时间、精力的浪费，在无形中延长了我们成功的期限。因此，在职业确定之后，必须对职业生涯路线进行选择，以使今后的学习和工作沿着职业生涯路线和预定的方向发展。

生涯故事

蔡振华：球员到官员的完美转换

　　蔡振华，1961 年 9 月出生于江苏无锡，7 岁进入少体校接受乒乓球训练，四个月后成为无锡市少年冠军。从 1978 年到 1985 年，蔡振华作为国家乒乓球队运动员获奖无数。20 余年运动生涯中，蔡振华 10 次荣获国家体委颁发的"国家体育荣誉"奖章。1985 年，作为公派教练，蔡振华远赴亚平宁半岛，担任意大利乒乓球国家队主教练。1989 年受中国国家队邀请，蔡振华放弃国外的优厚待遇毅然回到北京。在他担任国家队总教练的十几

年间，培养了一大批世界级的乒坛巨星，刘国梁、孔令辉、王楠、张怡宁……从2002年年底开始蔡振华担任国家体育总局乒羽中心副主任，后升任为体育总局副局长，现任中华全国总工会副主席、书记处书记、党组成员。

思考：

1. 请你简要归纳蔡振华的职业生涯历程。

2. 蔡振华由球员到教练再到官员的职场履历带给你怎样的启发？

生涯导航

上述生涯故事中蔡振华的整个职业生涯无疑是非常成功的，无论是早期的球员、教练，还是后期的行政领导，他都完成得相当出色。纵观蔡振华的整个职业生涯，成功不仅仅源于天赋、努力，同时也离不开对职业生涯路线的科学选择。那么，什么是职业生涯路线呢？

职业生涯路线是指一个人选定职业后选择从什么途径去实现自己的职业目标，是向专业技术方向发展，还是向行政管理方向发展。

在职业确定后，向哪一路线发展，此时要作出选择。即，是向行政管理路线发展，还是向专业技术路线发展；是先走专业技术路线，再转向行政管理路线……由于发展路线不同，对职业发展的要求也不相同。因此，在职业生涯规划中，须作出抉择，以便使自己的学习、工作以及各种行动措施沿着职业生涯路线或预定的方向前进。

典型的职业生涯路线图是一个"V"形图。假如一个人 24 岁大学毕业参加工作，即 V 形图的起点是 24 岁。以 30 岁作为事业发展第一阶段，V 形图的左侧是行政管理路线，右侧是专业技术路线。将路线分成若干等分，每等分表示一个年龄段，并将专业技术的等级、行政职务的等级分别标在路线图上，作为自己的职业生涯目标。

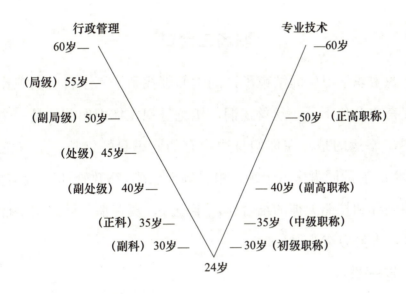

中职生一定要认识到选择职业生涯路线的重要性。选择适合自己的路线、方向去努力，会使既定职业目标的实现事半功倍。因此，职业生涯路线的选择具有特别重要的意义。

第一，职业生涯路线的选择是制定职业生涯规划的重要一环。一个人的职业生涯规划是否落实到位，职业生涯是否达成既定目标，很大程度上取决于职业生涯路线的选择正确与否。

第二，选择正确的职业生涯路线有助于明确适合自己的努力方向。确定了职场发展的方向、路线，我们的努力就有针对性，少走错路、弯路、回头路，大大提升了努力成效。

第三，选择正确的职业生涯路线有助于坚定实现职业目标的信心和决

心。没有一个职业发展的路线蓝图，职业道路会走得盲目和坎坷，这将直接影响我们的心情和成就。职业生涯路线就好比是赛车场的赛道，明确告诉每一位"赛车手"不要怀疑、不要犹豫，只要肯努力，你终将到达"终点"。

职场三岔口

三年的中职学习生涯结束了，同学们都找到了属于自己的工作。初涉职场，兴奋之余免不了一丝丝迷惘，毕竟呈现在你们面前的是一个相对陌生的世界。幸运的是，在你们身边，有的同事身怀绝技，业务能力出众（专业技术）；有的同事作风干练，极具领导风范（行政管理）；而有的同事，更是英明领导和技能大神的结合体。年轻人，莫迷惘，就以这些优秀的同事为标杆，去努力奋斗吧！

一、选一选

请同学们根据自己意愿选择就业时的职业生涯路线。（A 组为专业技术；B 组为行政管理；C 组为先专业技术，后行政管理）

二、想一想

自己为什么选择这个组？

三、议一议

本组有哪些广为人知的职场名人？大家说说他们的生平事迹。

四、说一说

除了以上三条职业生涯路线，你还能不能想到其他的路线？有的话请分享给老师和同学。

生涯泛舟

请你利用课余时间对周围的职场人士进行一次抽样调查并完成下表，归纳整理后，与老师和同学分享。

姓名	性别	年龄	职业	专业技术或行政管理	选择此路线原因	有无实现阶段职业目标	备注

生涯寄语

　　我们的每一个选择，都在创造属于我们自己的人生；虽然我们无法预测最后的结果，但每一个当下的选择都在决定我们的未来。中职生要想实现自己的职业目标，拥有一个令自己满意的职业生涯，找对正确的发展方向是非常重要的，希望你们都能选对自己的职业生涯路线。

话题 二 选择职业生涯路线

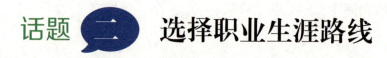

话题导语

　　"没有方向的航行，去哪里都是逆风而行。"大多数人在工作两三年后便苦恼职业规划问题，要么后悔当初选择的事业方向不对，要么认为现在从事的工作极其枯燥乏味。中职生为了避免遇到此类状况，在工作伊始就需要科学、谨慎地制定职业生涯路线，既快又好地找到事业的方向。那么，我们该如何选择最适合自己的职业生涯路线呢？

生涯故事

钱学森（1911.12.11—2009.10.31），世界著名科学家，空气动力学家，中国载人航天奠基人，"中国航天之父"和"火箭之王"。因为西方国家科研能力水平高以及国内动荡的局势，钱学森在美国学习、工作多年。直到1955年他终于回到了祖国，并一头扎进了科技发展的建设之中。在他的带领之下，中国航天事业、导弹工程、自动化控制技术等领域，得到了空前的进步，中国也从此走上了自主研发高科技装备的道路，成为屹立于东方的世界强国。

鉴于钱学森为国家所作出的卓越贡献，相关部门想为其安排中国科协主席的官职，如此一来，既可以表彰钱学森本人的功劳，又能突显其在中国科学界的地位。可是钱学森听到这个消息之后，他的第一反应便是拒绝，而且还是坚持不接受，无论谁来劝说，都被钱学森本人以委婉的方式谢绝。钱学森认为，自己只是一个搞科研的人，一辈子也没想过当官从政，况且一旦答应要做官，日后大大小小的事务也肯定一大堆，他根本没有精力去为这些事情操心。

思考：

1.请问：钱学森坚定地选择了怎样一条职业生涯路线？

2.请思考钱学森选择只搞科研不当官的原因。

生涯导航

通常职业生涯路线的选择须考虑以下三个问题：我想往哪一路线发展？我能往哪一路线发展？我可以往哪一路线发展？回答上述三个问题，是对"知己""知彼"有关情况进行综合分析并加以利用的过程，以此确定自己的最佳职业生涯路线。下面我们来了解一下清末维新先驱梁启超先生的子女们的职场成就。

梁启超和他的子女们

梁启超，中国近代思想家、政治家、教育家，戊戌变法领袖之一，中国近代维新派、新法家代表人物。但历史书上一定没有告诉你梁启超或许还是近代史上的"最强老爸"！他言传身教、悉心培养，儿女个个事业有成，创造了"一门三院士，九子皆才俊"这种近代以来难以复制的家教传奇！我们来看看梁启超的"家教"成果：

长女梁思顺，毕业于日本女子师范学校，我国著名诗词研究专家；

次女梁思庄，毕业于美国哥伦比亚大学，我国著名图书馆学家；

三女梁思懿，毕业于燕京大学，我国著名社会活动家；

四女梁思宁，就读南开大学，因日军炸毁南开大学中断学业，投身革命加入新四军；

长子梁思成，先后毕业于清华大学、美国宾夕法尼亚大学，中科院院士，我国著名建筑学家；

次子梁思永，毕业于美国哈佛大学，中科院院士，我国现代考古学家；

三子梁思忠，毕业于美国西点军校，回国后加入国军第十九路军，遗憾的是，25 岁因病英年早逝；

四子梁思达，毕业于南开大学，我国著名经济学家；

五子梁思礼，先后毕业于美国普渡大学和辛辛那提大学，中科院院士，我国著名火箭系统控制专家。

根据上述材料，请在思考后回答以下问题：

梁启超的子女们大多选择了哪一条职业生涯路线？用所学知识阐述出现这种情况的原因。

我们前面提到过，职业生涯路线的选择须考虑以下三个问题：我想往哪一路线发展？我能往哪一路线发展？我可以往哪一路线发展？

其实第一个问题是通过对自己的价值、理想、成就动机和兴趣分析，确定自己的目标取向；第二个问题是通过对自己的性格、特长、经历、学历以及专业的分析，确定自己的能力取向；第三个问题是通过对自己所处的社会、经济、政治、组织环境分析，确定自己的机会取向。

以钱学森先生的职业生涯为例：他生在书香门第，自幼接受新式文化教育，对数学、物理和天文学感兴趣；卓越的天赋加上刻苦的学习，使得他先后毕业于国立交通大学机械与动力专业和加州理工大学航天专业；学

成归国，正值祖国改天换日、百废待兴，国家特别需要在核武器、航天的研发上获得突破，在诸多因素的促成和考量下，钱学森始终坚定地走专业技术这条道路，终成一代科学大家。

中职生在作出职业生涯路线的选择之前，必须要科学、客观、全面地考虑自己的目标取向、能力取向和机会取向。

生涯体验

我的选择

一、选一选

请同学们再次根据自己意愿选择就业时的职业生涯路线。（A 组为专业技术；B 组为行政管理；C 组为先专业技术，后行政管理）

二、说一说

请根据自己的目标取向、能力取向和机会取向，阐述作出上述选择的理由。

三、读一读

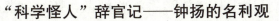

"科学怪人"辞官记——钟扬的名利观

16 年如一日，坚持援藏事业；4 000 万颗种子，填补种质资源空白。钟扬生前讲述和同事、亲友回忆的这些故事，展示的是一位一线科研工作者和人民教师的"精神珠峰"，也是一位共产党员为国家强盛、民族振兴奋斗到生命最后一息的生命丰碑。

让我们从一个个有温度的小故事中，走近钟扬的"种子梦"，感受他的科学家精神，读懂这位共产党人对国家的深沉挚爱和对事业的执着追求，不忘初心，继续前行。

33 岁这年，已是副厅级干部的钟扬"罢官"了。钟扬的人生，原本可以很从容。15 岁时，他就考入中国科技大学少年班；二十几岁，成为当时国内植物学领域的青年领军人物；33 岁，从中科院武汉植物研究所辞职到复旦大学当一名普通老师时，已是副厅级干部。

当时，钟扬已在国际上率先提出一种新的交互分类数据模型和检测系统树差异的新测度，并据此建立了一个基于生物学分类本体论思想的交互分类信息系统。

有人说，钟扬是个"怪人"，"做到了这个成绩，已经可以坐在办公室里，指导着手下一批人干活了"。然而，他偏偏愿意从头再来，只因复旦大学生命科学学科建设已经"火烧眉毛"。

2000年，复旦大学环境资源系濒临解散，陈家宽教授临危受命，成立生物多样性科学研究所，急需"救火队员"。钟扬受邀后，几乎没有考虑，随即奔赴复旦。

"我天生就是要做老师的。"钟扬这么跟别人解释，自己出身教师家庭，呱呱落地前一小时母亲还在讲台上授课。

2008年，有人提议他出任复旦大学生命科学学院院长，他再次婉拒。"很多人不理解他，但我们清楚，"复旦大学生命科学学院党委书记陈浩明说，"他一生所眷恋的就是做一名普通老师，潜心学术，教书育人，他的眼里根本没有名利的位置。"

怎样做一名好教师？钟扬认为，好的教育不是塑造学生，而是给他们以支撑和帮助，实现自己想成为的样子。

在钟扬眼里，每个学生都是一粒宝贵的种子，用心浇灌就会开出希望之花。

患了肌萎缩症的学生杨桢，被钟扬的讲座吸引，给钟扬写信说想读研。钟扬很快约他见面，指导他复习。入学后，考虑到他不能外出采样，钟扬又引导他从事生物信息学研究，手把手辅导科研。

如今，已成为中科院科研人员的杨桢难忘钟老师的话："我愿意招收你不为别的，而是因为你确实适合做科研。"他说："是钟老师点亮了我人生的明灯。"

生涯泛舟

请你对身边的若干职场人士进行一次采访，结合其现在所取得的职业成就，让他们说一说当时是如何选择职业生涯路线的（目标取向、能力取向和机会取向三方面）。归纳整理后，与老师、同学分享。

生涯寄语

人生是由一连串的选择与决定累积而成的，每个看起来微不足道的小选择，都在决定我们自己的未来。正是因为每一个选择都如此重要，所以我们在做出选择之前，一定要三思而后行。希望每一位同学不论是职场，还是人生，都能在关键时刻作出最正确的选择。

主题六 设定目标

美国耶鲁大学曾经做过一项长达20年的跟踪调研，结果显示，那些有着清晰的目标并付诸实际行动的学生，无论是事业发展还是个人生活，都远胜于其他学生。可见，清晰的目标对人生有着非凡的意义，明确的职业生涯目标是更是撬动成功的支点。

我想做什么？

我要怎么实现它？

打算在何时实现？

我有哪些有利条件？

话题 一 描绘发展轨迹——职业生涯目标的构成

话题导语

　　所有的成功人士都有目标。如果一个人不知道他想去哪儿，不知道他想成为什么样的人，想做什么样的事，他就不会成功。

——诺曼·文森特·皮尔

　　一个人事业的成败，很大程度上取决于是否有正确合理的目标。在我们的职业生涯发展过程中，目标是职业发展的灯塔，是前行的动力。每个人都要进行准确的自我定位，合理规划自己的职业人生，列出各个阶段的目标，明确各阶段目标之间的联系，并为目标的实现确定方向、时间和方案，按计划按步骤达到目标，找到职业生涯发展之路。

生涯故事

从基层员工成为企业老板

　　小柯，是奉化区工贸旅游学校 2013 届数控专业毕业生。说起他的故事，很多人觉得他很幸运，年纪轻轻便成了高级技师，并拥有了自己的公司。而了解小柯的人都知道，他的成功都是靠一步一个

脚印，一个个人生规划完成的。

初中毕业后，喜欢实践操作的小柯来到奉化区工贸旅游学校，选了自己心仪的数控专业。入校第一学期，他便给自己定了一个目标，学好专业知识，扎实技能功底。凭着勤学苦练，小柯被选入学校技能集训队，在不懈努力下多次在奉化、宁波技能大赛"数控车"项目获一等奖。小柯并没有因此而满足，而是有了新的目标——升入高职院校继续深造。进入大学后，他对自己的技能学习更加严格要求。毕业后小柯进入奉化恒菲机械有限公司，过硬的技术和敬业的精神很快使他在工作岗位上脱颖而出，成为一名技术骨干，多次受到公司领导的嘉奖。小柯代表公司参加省职工技能比赛，以优异成绩获得技能能手的称号，还获得了高级技师证书。

现如今，小柯已经成立了自己的公司，年产值达 500 多万元。

思考：

1. 小柯为什么能如此"幸运"？

2. 你有想过自己的职业发展目标吗？你打算如何计划和安排？

生涯导航

凡事预则立，不预则废。在我们进行生涯规划时，一定要为自己设立合适的目标。职业生涯发展目标，按照由远及近的原则，可分为长远目标和阶段目标。

长远目标，即职业理想指引方向所确立的最终奋斗目标。它是职业生涯发展的关键环节，在很大程度上决定了职业生涯规划成功与否。阶段目标围绕长远目标而确立，因而我们在设定的时候需要深思熟虑。长远目标离我们比较遥远，并不是短时间能实现的，要通过一个个阶段目标的达成而实现。

阶段目标，是为实现长远目标而根据个人的实际所确定的阶段性目标，可分为中期目标和近期目标。阶段目标的确立是实现长远目标的重要保障，要做到层次清楚、内容明确。

中期目标，是指在一定的目标体系中受长期目标所制约的子目标，是达成长期目标的一种中介目标。近期目标，是指在一定的目标体系中，受远期目标和中期目标制约的小目标，是达到中期目标和远期目标的中介目标。通常我们可以将阶段目标细化为十年内、三至五年内、学年目标、学期目标、月目标、周目标、日目标。目标制定越细化，长远目标实现的可能性就越大。

在确立职业目标时，必须结合主客观条件，综合自身条件和外部环境，在充分客观地分析自身情况、社会环境以及行业发展变化的基础上进行有效的规划。

首先，我们必须考虑个人的实际情况，客观全面地认识自我，对自己的性格、能力、兴趣、行为习惯、价值观以及家庭状况都有充分的认知。

其次，在确立职业生涯发展目标时，应该结合行业发展和家乡经济发展情况，寻找有利发展机会。社会因素对每个人的职业生涯发展有着重大影响。

生涯体验

下面是奉化区工贸旅游学校旅游专业小汪的职业生涯规划目标设定。

我的国家高级茶艺技师职业规划书

一、总目标

我将带着对茶的喜爱，一路前行，成为一名国家高级茶艺培训师，将茶文化不断传播推广，做一名职业的茶艺培训师，让更多的人了解茶、热

爱茶，让中国茶在中华民族伟大复兴的道路上越走越广阔。

二、发展路径

1. 短期目标（2018—2020）

在高中期间，参加茶艺社团，取得高级茶艺师证书，积极培养自身的气质，提高综合素养。努力学习，争取考上浙江师范大学旅游管理专业。

2. 中期目标（2020—2024）

尽快适应大学生活，参加茗韵茶艺社，进一步了解茶艺文化，丰富内涵。考取茶艺技师资格证，竞选社长和学生会成员，去茶楼实习，锻炼能力。

3. 长期目标（2024—2035）

顺利在浙江师范大学毕业，就职于茶楼，虚心求教经验丰富的高级技师，对茶有更深入的了解。最终，争取成为国家高级技师和技能能手，做茶文化使者，成为一名优秀的茶艺培训师。

一、想一想

请仔细阅读，找出小汪的长远目标和阶段目标分别是什么，并说说小汪的长远目标和阶段目标之间的关系。

二、写一写

结合所学专业，确定你的职业目标并填写下面表格。

我的最终目标	
十年内达到的目标	
三至五年内达到的目标	
每学年目标	
每月目标	
每周目标	
每一天的目标	

三、说一说

我有哪些实现目标的有利条件？

1. 自身条件。

2. 周围环境。

四、找一找

找出"现在的我"与"将来的我"之间的差距。

项目	现在的我	将来的我
知识上		
能力上		
职业素养上		
技能证书上		

生涯泛舟

　　小组成员合作画一棵职业树，并合作给职业树加入土壤（自身条件）和阳光雨露（社会条件），使职业树枝繁叶茂。

生涯寄语

　　同学们，所有成功人士都有目标。如果一个人不知道他想去哪里，不知道他想成为什么样的人、想做什么样的事，他就不会成功。尽快确立自己的目标吧！

话题　二　构建发展台阶——职业生涯目标的建构阶梯

心理学家认为，在一般情况下，人们都不愿意接受较高难度的要求，因为它费时费力又难以实现；相反，人们往往乐于接受较小的、较容易完成的要求，在实现了较小的要求后，人们会渐渐接受更大的要求。新东方教学科技集团创始人俞敏洪说："在现实中，人们做事之所以会半途而废，这其中的原因，往往不是因为难度较大，而是觉得成功离得太远。"

长远目标看似离现实非常遥远，很难实现，但只要我们将它逐一细化，一步一个台阶，脚踏实地往上走，便能成功登顶。

那么，我们该如何科学合理地设定阶段目标？制定近期目标有哪些注意要领？这需要认真思考，了解设计思路，获得近期目标设计要领，合理规划安排。

生涯故事

金牌选手的国赛之路

小元、小何是奉化区职教中心 2017 级电工电子专业的学生。2019 年 5 月 30 日，是他们人生中的一个非常重要的日子，在这一天

小元和小何手握奖杯，面带笑容，站在全国职业学校技能大赛的最高领奖台上，获得了中职组计算机硬件检测与数据恢复项目团队赛一等奖。

赛后，有记者采访他们，是如何在高手如云的赛场上脱颖而出的。小元腼腆地说："其实我们一开始并没有想过能拿全国一等奖，在报名的时候，我们俩首先定的目标是区一等奖，区赛后被推荐到市赛，再到省赛，过五关斩六将一层层上去到了国赛。""是的，我们就是紧盯每一级的赛场，努力拿下高一级的参赛资格，踏踏实实地朝前走。"小何在旁补充道。

确实，要达到目标，就要像上楼梯一样，一步一个台阶，把大目标分解为多个易于达到的小目标，脚踏实地向前迈进。每前进一步，达到一个小目标，就会体验到"成功的喜悦"，这种"感觉"将推动自己充分调动潜能去达到下一个目标。

在生活中，之所以很多人做事会半途而废，往往不是因为难度大，而是因为觉得距成功太遥远；他们不是因失败而放弃，而是因心中无明确且具体的目标。如果我们懂得分解自己的目标，一步一个脚印地向前走，也许成功就在眼前。

在实现大目标的过程中，我们需要把目标进行切割，一步步去实现小目标，从而你会发现成功离你并不遥远……

思考：

小元、小何的经历给了你怎样的启发？

一、阶段目标的特点

阶段目标是通向长远目标，实现人生价值的台阶，各阶段之间应是阶梯型的，前后承接。阶段目标的设计是否合理，是长远目标能否实现的必要前提。

我们在设置阶段目标的时候，应注意的是：每个阶段目标要有具体指向性；目标的设置要有一定的高度，可望又可即，有实现的可能性；各阶段之间要有一定的关联性。

阶段目标的阐述越详细、越具体，越有激励作用。阶段目标的设定不仅仅要明确具体的岗位、职位，还要对所要实现的岗位、职位有全方面的了解。

二、阶段目标设计思路

阶段目标的设计方法可以多种多样，比较常用的是逆向思维，——"倒计时"的方式，即根据到达长远目标所需要的台阶，所需要的时间，要求从业者具备的知识、能力、素养储备，达到目标的标准等，一步一步往回倒着设计、规划。

阶段目标的设计，分为近期目标和中期目标。一般可以细化为三到五个阶段，可以采用图表、文字，或者图文结合的方式，可以按时间段来设计，也可以从自己的年龄段来设计，还可以按照职业技术等级的上升、职务职称晋升等来设计。

生涯体验

下面是一位旅游专业中职生设计的职业生涯发展目标规划图，请看图思考。

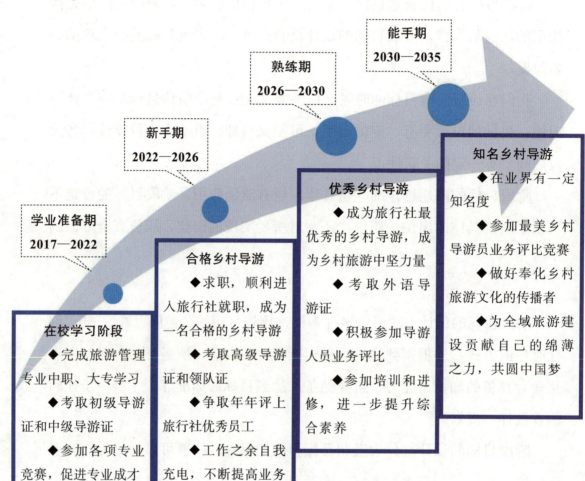

学业准备期
2017—2022

新手期
2022—2026

熟练期
2026—2030

能手期
2030—2035

在校学习阶段
◆完成旅游管理专业中职、大专学习
◆考取初级导游证和中级导游证
◆参加各项专业竞赛，促进专业成才
◆顺利拿到大学毕业证书
◆争当优秀毕业生

合格乡村导游
◆求职，顺利进入旅行社就职，成为一名合格的乡村导游
◆考取高级导游证和领队证
◆争取年年评上旅行社优秀员工
◆工作之余自我充电，不断提高业务能力

优秀乡村导游
◆成为旅行社最优秀的乡村导游，成为乡村旅游中坚力量
◆考取外语导游证
◆积极参加导游人员业务评比
◆参加培训和进修，进一步提升综合素养

知名乡村导游
◆在业界有一定知名度
◆参加最美乡村导游员业务评比竞赛
◆做好奉化乡村旅游文化的传播者
◆为全域旅游建设贡献自己的绵薄之力，共圆中国梦

一、想一想

1. 她的长远目标、近期目标分别是什么？

2. 她把阶段目标分段分成了哪些？每一阶段具体内容是什么？

二、画一画

仿照上图，给自己的职业生涯规划画出发展示意图。

三、说一说

学了这节课，说说你的收获与感受。

四、评一评

请结合自身条件，根据自己设计的职业生涯发展台阶，找出目前与长远目标之间的差距。以小组为单位，进行组内自评和互评。

生涯泛舟

课后采访一位本地区成功的职场人士或者优秀毕业生，了解其职业目标的设计思路，分析其是如何处理长远目标和阶段目标之间的关系的，与同学进行交流。

生涯寄语

在职业生涯发展的道路上，重要的不是你现在所处的位置，而是迈出下一步的方向。同学们，请找准你们的方向，祝你们的职业生涯之路走得顺利！

制定措施　主题七

　　一天 24 小时，对于每个人而言有不同的活法。有些人忙忙碌碌，但依旧抱怨时间不够，而有些人却能忙里偷闲，生活过得有滋有味。这是为什么呢？难道说越忙碌的人能力越不够，越清闲的人能力就越好？不是，这取决于一个人是否有计划。有计划的生活即使紧张，也会井然有序；有计划的工作即使繁忙，也会变得充实而有效率；有计划的人生即使艰辛，也能处之泰然。有效的计划让我们尽量能把控人生的发展方向和前进的步伐，让我们做事更从容自信、有条不紊。所谓"计划是从现在到未来，目标是从未来到现在"，在职业生涯规划中，制定措施是实现职业目标的前提；没有行之有效的措施，任何正确的目标、远大的理想都是空谈。作为中职生的我们，在确定目标后，应立即制定具体、可行的措施，才能将理想变为现实。

话题 一 制定措施的重要性与基本要求

话题导语

"运筹帷幄之中，决胜千里之外"，制定措施是职业生涯规划的重要环节，也是实现职业目标的前提条件。科学、合理的措施是连接各个目标的桥梁，也是连接目标与行动的桥梁。如果没有实现目标的措施，就没有有效的行动，那么实现目标注定是一句空话。

生涯故事

小傅的本科梦

2019 年 6 月，高职考成绩揭榜，某中职学校化工专业的学生小傅激动不已，他成绩名列浙江省高职考化工专业前 90 名，梦寐以求地考上了宁波工程学院，实现了本科梦。对于中考成绩只能勉强上当地普通职高的小傅而言，这个成绩实属不

易，这其中离不开针对中职学生的单考单招的积极政策、学校培养和家长的支持等有利的外部条件，更离不开小傅高中三年的努力和坚持。

初入职高，认为"读职高没前途"，小傅自暴自弃，每天得过且过。直到有一天考上本科的学长回校讲座，分享学习经验和大学生活，顿时刺激和激励了小傅，从那时起他就暗自下决心要考上本科，到大学继续深造。

面对目标，他深知入学只有200多分的自己基础薄弱，还存在很大的差距，必须要付出比别人更多的努力与汗水。为此他认真对比本科目标分数，分高一、高二、高三确立了阶段目标，并针对文化课、专业课制订了学年计划、学期计划、每月计划、每周计划，甚至精细到每日计划；同时严格按照计划，立即行动，并请班主任、任课老师、同桌和父母来监督，定期分析、总结计划完成情况，并做一定的调整。整整三年时间，他按照计划踏实、认真地学习，功夫不负有心人，成绩稳步提升，从班级的最后几名到名列前茅，并且在高职考中发挥出色，实现了自己的本科梦。

思考：

1.小傅是如何实现他的本科梦的，从中带给你什么启发？

2.你的高中目标是什么？为此你打算如何实现？

生涯导航

一、制定措施的重要性——制定措施是实现目标的保证

"凡事预则立，不预则废"，也就是说不论做什么事，事先都要有计划与准备，才能取得成功，不然就会失败。身边有很多人常常雄心壮志，但一直停留在思想中，却没有切实可行的行动措施和切实行动，到最后还是原地踏步，理想并未转为现实，而他们却把这些原因都归结于世俗的不公和命运多舛。美好的职业理想的实现也是需要以制定翔实、可行的措施为前提的，没有行之有效的措施，任何正确的目标、远大的理想都难以实现，都是空想。

制定措施是职业生涯规划的基本内容和重要环节，也是最为困难的环节。一份切实有效的职业生涯规划需要有能够执行的措施，若没有落地的措施，则前面的内外条件分析和职业定位都是白用工。所谓措施，主要内容包括文化知识的学习、专业能力的培养、职业道德的养成、健康体魄的打造和其他所需能力的提升等方面的计划，与目标分类相对应，可分为长期计划、中期计划和短期计划。

二、措施制定的原则

1. 客观性原则。措施制定必须实事求是。每个人的职业理想和内外环境都不一样，一定要以个人的实际情况来制定，不夸大也不缩小；必须考虑措施是否可行，能否在规定的时间内去执行完成，是否具体、清晰、明确。

2. 阶段性原则。职业生涯需要经历好几个阶段，是一个循序渐进的过程，要充分考虑自己所处的不同发展阶段，有目的、有步骤、有计划地调整和安排各个不同阶段的计划。

3. 针对性原则。措施的制定为目标的实现而服务，是为了实现从"现在的我"向"未来的我"的转变，因此措施的制定应针对本人与目标的差距，围绕缩小差距而采取方法，它是各个目标的具化、细化。

4.发展性原则。人的职业生涯是不断发展和变化的，要充分考虑内外环境的变化和发展因素。

三、措施制定的要素

1.确定任务。职业目标是抽象的概念，具体措施是目标细化、具体化后的概念，其任务在于发现当下的个体与理想职业的差距，例如文化知识、身心素质、专业能力、职业道德等方面的差距，将其作为总体任务和阶段性任务，并通过行动加以落实，从而提高个人的综合能力，提高人职匹配程度。例如烹饪专业的小郎为了增加对烹饪行业认识，提升个人的烹调技能，决定暑假期间到当地五星级酒店后厨实习，认真学习雕刻技能，同时通过多观察、多与行业人士沟通，完成有关厨师行业的调查问卷，这就是一个任务。

2.把握时间。具体有两方面的内容：一是任务在什么时间段完成；二是目标在什么时间点实现。在职业生涯中，时间是需要管理的，其直接影响着学业的好坏和事业的成功与否。只有合理、有效地利用和管理时间，才能实现有效行动。而很多学生缺乏时间观念，常抱有"明日复明日，明日何其多"的心态，缺乏自我控制能力，沉迷于网络游戏、软件聊天等休闲娱乐活动中，抑或是花费太多的时间在不该做和毫无意义的事情上，过着"走到哪算哪"的日子，这必然会影响职业生涯发展措施的落实。

3.明确标准。具体指为要实现每一个阶段目标需要完成的每项任务的内容具体是什么，同时需要达到什么程度。比如说小傅同学在高一第一学期目标是提高成绩，则要具化提高什么科目成绩，提高到什么程度的问题，比方说语文、数学、专业理论、专业技能提高到几分，总分要提高几分，排名具体提高几名等。

生涯体验

一、想一想

小胡是杭州良渚职高环境监测专业的学生，怀揣绿色军营的梦想，手握特色专业的技能，他梦想成为一名国家军队环境监测的专业技术员。围绕职业理想，他确立了阶段目标，制定了详细的行动措施，如下表所示。

阶段	项目		内容
	目标		5年连读，优秀毕业，应征入伍 （圆满完成3+2的学习）
短期规划	具体措施	学习上	1.制订严格的学习计划，好好学习，通过5年努力，提升自身文化素养，掌握环境监测专业的系列专业理论知识，大学期间必须完成大学英语等级考试和论文撰写等。
			2.利用课外时间，通过网络、书籍等，多了解我国军队发展的动态，特别是专业技术特长的特招士官的要求和发展情况。
		能力上	3.在班内竞选班委，通过服务同学与老师，和谐关系，锻炼自我。
			4.在学校竞选学生会干部，利用岗位培养独立组织活动的能力和应急处置能力。
			5.积极参加学校、社区活动或大型社会实践工作，努力培养团队合作能力和责任心。
		职业素养和技能上	6.虚心向技能实训老师求教，坚持每天去实验室训练，并积极参加各级各类的化工技能大赛，争取拿到奖项。
			7.按要求考取环境监测技术有关的各类职业资格证书，如化学分析工等级证书等。
			8.利用假期和大二的顶岗实习阶段，去杭州的环境监测企业或机构参加实践活动，丰富自己的实战经验和专业技能。
			9.同伴互助：与好友一起每天锻炼一小时，强化身体素质。
			10.继续保持WarGame运动，以便提醒自己不断追梦、不断努力。

续表

阶段	项目	内容
中期规划	目标	刻苦训练，出色士官，考上军校 （特招士官，直接志愿兵）
	具体措施	1.继续参加并完成环境监测专业的本科学习任务，夯实专业知识（函授）。
		2.查询资料，收集信息，积极准备，努力考上军校。
		3.向身边的战友、干部学习，刻苦训练，发扬流血流汗不流泪、掉皮掉肉不掉队的精神。
		4.认真参与各类环境监测的日常工作，并积极报名参加部队系统的专业技能竞赛，争取获奖。
		5.积极向党组织靠拢，争取早日加入中国共产党。
长期规划	目标	军校毕业，扎根军营，技术标兵 （军队环境监测专业技术员）
	具体措施	1.认真学习，顺利并出色完成军校学习。
		2.服从组织分配，不怕苦不怕累，利用专业特长扎根军营，服务官兵。
		3.立足工作实际，放眼国际社会，不断学习、钻研环境监测专业的新技能、新科研。
		4.在一定范围内，争取成为环境监测专业的技术能手、技术标兵，成为同行的榜样。

1.你觉得小胡同学制定的措施怎么样？

2.根据制定措施的基本要求，你觉得哪些地方需要改进？

二、找一找

寻找人职差距的小技巧：A−B=C 法。

A：未来的我，即我的目标职业所需要的职业素养；

B：现在的我，即目前通过努力我已经具备的职业素养；

C：发展的我，即我需要提升的职业素养。

下表是小郎针对目标职业（成为一名传承、创新余杭美食的厨师）进行的分析。

职业素养	现在的我（已具备）	将来的我（应具备）
职业道德	1. 在校热爱集体、尊重老师、友爱同学，有一颗服务同学的心，有较强的集体荣誉感； 2. 对自身要求高，学习踏实，肯钻研。	1. 要有较强的团队合作意识（分工协作）； 2. 要有强烈的服务意识（食客至上）； 3. 要有厨德意识（热爱行业、立足本职；踏实工作、精益求精；谦虚谨慎、持之以恒；亲和同行、尊重前辈）。
职业能力	1. 烹饪实操成绩排名年级前列，积极参加各类技能比赛，但是操作基础还不够扎实、全面，效率低； 2. 学校开设"余杭风味"选修课，对余杭菜系还处于认识阶段； 3. 正在学习烹饪原料、营养与卫生、厨房管理等课程，理论知识稳步提升； 4. 担任学生干部，善于与老师、同学交流，并能协助老师组织开展活动； 5. 学习创业课程，积极参与创新创业比赛，能及时关注餐饮行业的变化。	1. 娴熟、过硬的操作技能，尤其会精做余杭菜系； 2. 掌握扎实的烹饪文化知识，营养、卫生等相关的基础理论知识，余杭民俗礼仪知识，美学修养等； 3. 较强沟通、组织管理能力； 4. 要有创新意识（观念创新、厨艺创新）。

针对小郎的目标职业，请找出其需要改进和提升的地方。

三、列一列

四象限法是时间管理的一种常见的有效方法。这个方法要求应有重点地把主要的精力和时间集中地放在处理那些重要但不紧急的事务上，这样可以做到未雨绸缪，防患于未然。具体如下：重要且紧急的事务要立刻去办；不重要但紧急的事务，由于时间紧急，需要赶快采取对策和行动；重要但不紧急的事物，可以放在时间安排中较重要的位置；不重要也不紧急的事务，并不是不需要去做，而应该把它放在时间安排的最后位置。

请尝试运用此方法将你最近要做的事情罗列到四个象限中。

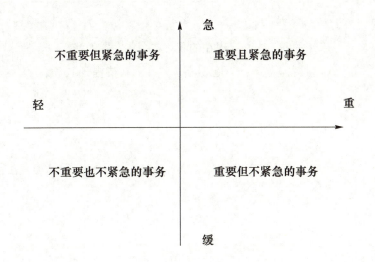

四、说一说

你认为制定措施应注意什么？大致有哪些步骤？

![生涯泛舟]

曾经有一个人给自己定了一个目标，就是在有生之年赚100万元，但是他一无技术，二不勤奋，他幻想通过向上帝祈祷中彩票来发财。于是，

他每隔两天都要到教堂去祈祷，而且他的祈祷词每次几乎是一样的——"上帝啊，请念在我多年来敬畏你的分上，让我中一次彩票吧！"但是，每一次上帝都没有满足他的愿望。就在他濒临绝望的时候，上帝出现了，并对他说："老兄，我实在没办法帮你，最起码你要去买一张彩票吧！"或许在我们的身边，就存在这样的同学，每天梦想着尽快实现职业理想，但是永远是原地踏步，从不围绕目标制订计划。

同学们，你们是否已经确定好自己的职业目标？下面请试着给自己制定一套有效措施吧！

理想职业：				
因素	未来的我（需具备）	现在的我（已具备）	发展的我（待提升）	改进措施
文化知识				
专业能力				
身心素质				
职业道德				
职业资格				
其他职业素养				

　　计划是从现在到未来，目标是从未来到现在；没目标，计划是瞎的，没计划，目标是空的。计划比目标更重要，计划不完善，就等于目标失败。

话题 二　实现近期目标的具体计划

　　古人云："千里之行，始于足下；九层之台，起于垒土"。意思是千里的远行，是从脚下一步步走出来的；做事从最基本开始，经过逐步的积累，才能有所成就。针对近期目标制订具体计划是发展措施中的重要内容，只有近期目标逐一实现，才能实现最终目标。作为中职生的我们，正处于职业生涯的从业准备时期，我们必须认真制定针对近期目标的措施，并敢于立即行动，才能为今后的职业生生涯发展奠定基础。

生涯故事

踏实走好每一步

　　小陆是某中职学校物流专业的学生，他的目标是有朝一日创业，能拥有一家属于自己的物流公司。为实现自己的职业理想，他结合内外条件，将此目标细化成阶段目标，并将高中毕业考取大学作为近期目标。作为一名基础薄弱的高一新生，他深知自己离考取大学有一定的差距，结合学校的工作计划、德育工作及教学计划，围绕高中三年他制订了翔实的计划，如下表所示。

时间		阶段目录	执行策略
高一	第一学期	1.适应职高学习生活的方式，增强意志； 2.认识物流专业，争取竞选班长； 3.进入学生会成为一名干事，锻炼自身的人际交往能力； 4.期中、期末成绩名列班级前三。	1.参加班干部竞选； 2.积极参加军训活动； 3.竞选学生学习部干事； 4.制订详细的学习计划，查漏补缺，将优势科目数学保持，利用早晚自修补习数学、英语； 5.初步接触专业课，认真学习叉车、出入库的操作，积极参加校技能比赛。
	寒假	1.参加寒假社会实践，扩充课外知识； 2.复习上学期学习内容，完成寒假作业	1.跟随从事物流工作的爸爸学习物流采购； 2.每天晚上学习两小时。
	第二学期	1.提升个人的组织和管理能力，争当学年"优秀班干部"； 2.一次性通过语文、数学、英语、计算机等会考； 3.参加初级工鉴定，拿到营业员初级工证； 4.竞选学生会部长； 5.学习成绩名列前三，争取拿到校一等奖学金和余杭区政府奖学金。	1.认真履行班干部职责，协助班主任管理班级； 2.制订详细学习计划，在会考期间，加大学习强度； 3.认真学习技能，练习点钞、小键盘、叉车、出入库操作； 4.在学生会努力实干，发挥自己的才能，积极锻炼人际交往能力。
高一	暑假	暑期社会实践，通过短暂的实习，弥补自身的不足，提升个人素质。	在勾庄物流中心找一份与专业对口的工作，坚持打工两个月，不仅锻炼自己，同时积累下学期的生活费用。

续表

时间		阶段目录	执行策略
高二	第一学期	1.学习成绩维持班级前三，争当校园之星"全能之星"； 2.集中进行专业课的系统学习，夯实理论基础，加强技能训练，争取代表学校参加杭州市物流专业技能比赛，取得好名次； 3.做好班级和学生会工作； 4.积极参加各类文体活动和市区的各类竞赛； 5.争当优秀学生干部和区三好学生，争取校一等奖学金。	1.制订本学期的学习计划，邀请班主任和同学监督，严格执行； 2.注重专业课的学习，平时多与任课老师交流，打好基础，同时积极参加校物流专业技能训练兴趣班的学习； 3.集中精力在学生会锻炼，履行部长职责； 4.参加学校元旦文艺汇演、十佳歌手比赛、创新创业竞赛。
	寒假	参加寒假社会实践，深入了解物流行业动态。	跟随从事物流工作的爸爸学习物流采购。
	第二学期	1.学习成绩名列前三，争取高三学习机会，加强高职考科目的学习和巩固； 2.一次性通过专业课会考以及学业考试，争取拿到营业员中级工证； 3.竞选校学生会主席。	1.做好参加高职考的准备，制订会考及高职考科目的学习计划； 2.认真学习专业课知识以及点钞、小键盘、叉车、单证、出入库等操作，积极参加技能比赛； 3.做好学生会部长职责，表现优秀。
	暑假	1.做好高三入学测试的准备； 2.进入物流公司实习。	1.每天制订复习计划，制作知识提纲； 2.在勾庄物流中心找一份专业对口的实习工作。
高三	第一学期	1.杭州市第一次模拟考列班级前二，杭州市前10； 2.竞选学生会主席。	1.制订高三详细的学习计划，紧跟任课老师进度； 2.履行学生会主席职责。
	寒假	在家认真复习，准备下学期的第二次模拟考。	制订寒假复习计划，保证每天6小时的复习时间，并且做好纠错集。

续表

时间		阶段目录	执行策略
高三	第二学期	1.杭州市第二次高职考模拟名列班级第一，杭州市前5； 2.积极备考高职考，争取考上浙江金融职业学院。	制订高三最后一学期的复习计划，查漏补缺，调整心态，迎接高职考。
	暑假	1.暑期社会实践，锻炼自我； 2.调整心态，迎接大学； 3.报考驾驶证。	1.进入物流企业实习，深入行业，了解发展动态，提升专业知识； 2.认真准备驾驶证考试。

思考：

1.你觉得小陆针对近期目标制定的措施怎么样？分析其设计的优缺点。

2.你的高中目标是什么？为此你打算如何实现？

生涯导航

实现近期目标的措施，是所有措施中最全面、最具化的。如同小陆的规划一样，中职生的近期目标应是高中三年的目标，这三年是中职生职业生涯的从业准备阶段，非常重要。为在校三年学习生活制订周密的计划，学会自我管理，是中职生职业生涯规划的重中之重，中职生可以围绕粗线条计划和精线条计划来合理规划。

一、粗线条计划

在制订具体计划之前，首先要明确高中三年的总任务及每一年的阶段任务，具体如下：

（一）高一阶段（探索期）

1. 完成从初中生到职高生的角色转变，尽快适应新生活和新集体。

2. 开始接触职业和职业生涯的概念，在各类校内外活动和社会工作中不断丰富对自我的认识以及对行业的了解，重点了解与自己专业相匹配的横向职业群和纵向职业群。

3. 在学习上不断夯实文化课基础，学习和掌握专业基础知识。

（二）高二阶段（定向期）

1. 全面、客观地认识自我，初步确立职业目标和发展方向，确定高三分流方向。

2. 通过各种活动提升自己的职业素养，检验和提升自己的专业能力。

（三）高三阶段（冲刺期）

1. 不断筛选、明确自己的职业目标，不断完善、细化措施。

2. 若是升学继续深造，则集中精力考取理想大学；若是选择毕业就业，则需积极提升自己的求职技巧和筹码。

二、精线条计划

根据在校三年的粗线条计划，再以每学年或每学期学校的教学计划和工作安排为基础，编排学年计划或学期计划，再逐渐向月、周、日细化，计划内容应该按照轻重缓急进行排序，措施的落实最终要落在每天的安排上。这其中要遵循提前安排和前紧后松原则。

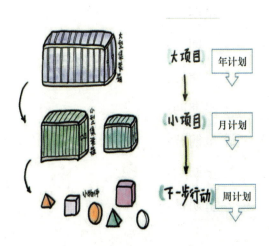

1. 制订年计划。中职生的年计划的时间段可分为学年的第一学期、学年的第二学期，以及暑假、寒假。

2. 制订月计划。月计划是年计划基础上的细化，围绕本月要学的知识、掌握的技能、提升的能力、参与活动和履行任务等主题展开。

3. 制订周计划。根据月计划列出本周要做的最重要的 3 ～ 5 件事情，并按照缓急顺序去做。

4. 制订日计划。日计划是最具体的计划，为此要划分 24 小时的时间段，先扣除生活常规时间，比方说睡觉时间等，然后将剩余的时间进行划分，再将该日要做的事情安排到各个时间段中。

生涯导航

一、访一访

以小组为单位，寻访本专业毕业的优秀毕业生，制定访问提纲，包括本专业对应的岗位，描绘该生毕业后的职业发展晋升之路，并分析整理其成功的原因，整理出该优秀毕业生在高中阶段制定的职业生涯规划及相对应的具体的措施，最后形成调研报告，全班进行交流和探讨。

二、试一试

用简单明确的话把下周七天的安排写出来。

星期一：

星期二：

星期三：

星期四：

星期五：

星期六：

星期日：

三、比一比

将各自的周计划进行展示和交流，邀请家长、同学、老师等人评价，最后根据意见进行修改。

同学意见：	老师意见：	家长意见：

生涯泛舟

请根据本节课所学方法，制定实现自身职业生涯发展近期目标的措施。

高　年级落实发展计划的措施		第一阶段目标：	
内容	任务	具体措施	起止时间
文化知识			
专业能力			
身心素质			
职业道德			
职业资格			
其他职业素养			

高　年级落实发展计划的措施		第二阶段目标：	
内容	任务	具体措施	起止时间
文化知识			
专业能力			
身心素质			
职业道德			
职业资格			
其他职业素养			

续表

高　　年级落实发展计划的措施		第三阶段目标：	
内容	任务	具体措施	起止时间
文化知识			
专业能力			
身心素质			
职业道德			
职业资格			
其他职业素养			

生涯寄语

　　人生就像一场马拉松比赛，开始跑在最前面的人未必能一直领先，原来落后在后头的人并非永远落后。胜利与失败，关键在于能否坚持到终点。同学们，让我们从现在开始，认真规划自己的职业生涯吧，从近期目标着手，制订翔实的落实计划并立刻付诸行动，相信距离你们实现理想会越来越近。

调整管理　主题八

通过前面主题的学习，你肯定对自己未来的职业生涯有所思考、有所设想。凡事预则立，不预则废，动手写一份属于你自己的职业生涯规划书吧！相信你能在职业生涯规划的指引下直挂云帆、乘风破浪，驶向成功的彼岸。

如果你已经为自己量身定制了一份职业生涯规划，恭喜你啦！你离成功又近了一步。但是，当今时代，科技日新月异，变化纷至沓来，即使你已经制定了一个长远、系统的职业规划，也不是一劳永逸的，还要根据世事时事进行动态的调整管理，让规划紧随时代潮流，和社会脉搏一起跳动。

职海浮沉，愿你是弄潮儿，向涛头立，手把红旗旗不湿！

话题 一 动态调整职业生涯规划

话题导语

如今时代，不确定性是常态，规划常常赶不上变化，这是否意味着规划没用，干脆不要规划了呢？当然不是，职业生涯规划能帮助你找准一个大方向，即使具体过程执行受阻，磕磕碰碰，也可通过综合分析、重新评估，进行战术动态调整，从而抓住时机拓展发展空间。而没有规划的人，动辄轻易转向，选择和决策冒失草率，只会蹉跎年华，越来越迷茫。

生涯故事

从"音乐老师"到"麦饼王子"

麦饼是浙江省特色传统名点之一，在温州地区，永嘉麦饼更是有着千年历史，为市级非物质文化遗产推介产品。

叶智敏是温州永嘉人，毕业于杭州师范学校音乐专业，在别人眼中，他的职业生涯之路应该是毕业后考取教育局教师编制，成为一名音乐教师。但他怀念儿时地道的家乡麦饼味道，毕业后安稳的教师生活反而让他坚定了创

业开麦饼店的梦想。叶智敏称自己是"一个有梦想的人","希望以后温州人想吃正宗永嘉麦饼，在温州就能买到。"毅然离开教师岗位的他如今拥有了三家麦饼分店，还有一家加盟店。

叶智敏说："年轻人创业不一定就要开公司，俯下身子也可以。"为了永嘉麦饼能"走"得更远，叶智敏有意向和年轻人一起合作，提供技术、思路、策划、营销等要素。他自诩"麦饼王子"，誓要在温州地区开起自己的麦饼连锁店。

思考：

1.请你评价一下叶智敏调整职业目标的行为。

2.结合材料，请说出对职业生涯规划进行动态调整需要重点考虑哪些因素？

生涯导航

中职生要面向未来，作出自己的职业生涯规划。

当今社会瞬息万变，随着客观和主观的变化，我们的职业生涯在发展过程中会出现这样或那样的问题，计划往往赶不上变化，使得自己最初的职业生涯规划不能如愿实现，这就要求我们要及时了解情况的变化，通过对自我条件的重新剖析和发展机遇的重新评估，衡量目标的可实现程度，做好职业目标的考核、修改和调整，重新制定适合自身发展的职业目标，确保可行性。同时，还应该做好职业发展措施的修订，使得措施更加具有实效性和针对性，才能实现职业目标。

行之有效的职业生涯设计要通过职场反馈信息，调整修正生涯目标，反省策略方案的可行度、契合度和成功概率。所以，我们要树立适时调整职业生涯规划的观念和意识，使自己更好地适应从业的发展变化，培养成功者的心态、积极参与的热情，及时找到新的方向，继续努力实现人生价值。

生涯体验

一、说一说

打火机出现，火柴消失了；

计算器出现，算盘消失了；

CD 出现，磁带消失了；

手机出现，BP 机消失了；

数码相机出现，胶卷就没市场了；

电子商务、网络直播带货出现，传统生意萎缩了；

智能手机、5G 出现，回家不上电脑了；

微信出现、短信没人发了！

……

1. 结合生活体验，你还能说出什么东西出现，什么东西消失吗？

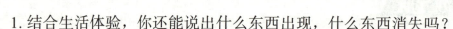

2. 了解这些对你调整职业发展规划有何帮助？

二、议一议

她该辞职吗？

有一个大学专科会计专业毕业的女孩成功应聘到一家公司，成为一位女副总的助理。半年后，这个女孩提出辞职，她对这位副总说："我每天帮您贴发票，然后报销，然后到财务去走流程，觉得处理的都是些琐碎的事情，浪费时间、精力，没有意义、没有成就感。"

这位女副总跟她说：我以前干的工作跟你现在一样，但我做这份工作时，我认为票据它记录了各经理乃至整个公司营运有关的费用情况，看起来没有意义的一堆数据，其实它们涉及了公司各方面的经营和运作。于是我建立了一个表格，将所有经理在我这里报销的数据按照时间、数额、消费场所、联系人、电话等记录下来。我起初建立这个表格的目的很简单，我是想在财务上有据可循，同时万一我的上司有情况来询问我的时候，我会有准确的数据告诉他。通过这样的一份数据统计，渐渐地我发现了一些商务活动中的规律。当我的上司发现，他布置工作给我的时候，我会处理得很妥帖，有一些信息是他根本没有告诉我的，我也能及时准确地处理，他问我为什么，我告诉了他我的工作方法和信息来源。渐渐地，他基于这种良性积累，越来越多地交代给我更加重要的工作。再渐渐地，一种信任和默契就此产生。我升职的时候，他说我是他用过的最得力的助理。

1. 你觉得这个女孩该辞职吗？

2. 听了女副总的一席话，你觉得这个女孩该辞职吗？

三、选一选

1. 中职生调整职业生涯规划的第一个最佳时期是（　　　）。

A. 工作两三年　　　　　　　　　B. 毕业前夕

C. 初入工作岗位的第一年　　　　D. 规划制定后

2. 俗话说"计划不如变化快"，因此对职业生涯规划认识正确的是（　　　）。

A. 走一步，算一步，无须进行职业生涯规划

B. 影响职业生涯规划的因素太多，等工作稳定了再进行规划

C. 不断地对职业生涯规划进行调整，以适应环境的改变

D. 对职业生涯有个大致的目标就行，无须详细规划

四、查一查

我们熟悉的艺人周杰伦，在职业生涯发展过程中有过多次的职业调整经历，从餐厅侍应生到餐厅大堂钢琴演奏者，再到音乐制作助理，最后成为创作型歌手，最终实现自己的人生目标，获得职场的发展。

除了周杰伦，请你查一查，还有哪些知名人士在职业发展过程中也是不断地动态调整职业规划，最终收获成功的？

生涯泛舟

你为自己的职业生涯设计了规划书，为了让你的职业生涯规划更科学、更有可实现性，你会请谁来评估你的职业生涯规划？他（她）怎样的评价导致你的职业生涯规划作出怎样的调整？

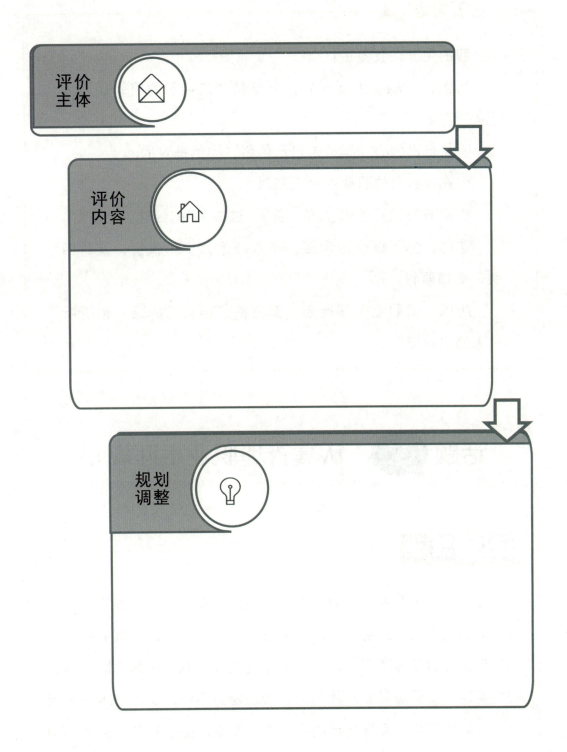

评价
主体

评价
内容

规划
调整

生涯寄语

我的生涯，我做主！

所以，做职业生涯规划，要坚持"走自己的路，让别人说去吧"。

听从自己的心，坚持走自己的路，固然是对的。

但在走自己的职业生涯之路时，

也问问"路边"的知情者、听听"过来人"的经验，会更好。

这样，你可以少走弯路，不入歧途，少付代价，及时回头，更加顺利。

所以，做职业生涯规划，要坚持"走自己的路，也听听别人怎么说吧"！

话题 二 认真管理职业生涯规划

再完美的职业生涯规划，也只有通过付诸行动才能妥善落实，否则规划只不过一纸空谈，无法发挥作用。严格管理规划的执行才能实现目标的妥善落实，才能获取职业发展。制约中职生职业生涯规划实现的主要障碍就是他们自我管理能力不强，执行力不足。因此，中职生要科学管理自己的职业生涯规划，必须在加强自律的同时善于请人监督，坚定认真管理执行的意志，树立终身学习的意识，养成珍惜时间的习惯，为职业生涯的可持续发展奠定基础。

生涯故事

食品雕刻大师——周毅

　　周毅，食品雕刻大师、拉糖大师、翻糖蛋糕大师、我是主厨学院创立人、作家。他戏谑自己小时候是个"学渣"，为了证明自己是一个不差的人，从没做过菜的周毅，报读了四川烹饪高等专科学院食品雕刻专业，开始了他的厨师之路。

　　在学校里，他为了精进手艺，经常为了一件作品通宵达旦钉在工作台，精雕细刻，认真琢磨，投入起来连饭都忘记吃，手上的刀疤旧的未愈新的又加。就这样，他一直坚持着，慢慢地找到了感觉，入学的第一年就拿到全班第一名的成绩，每年都是学校的优等生，手里的雕刻刀开始变得游刃有余出神入化，五花八门的食材在他手中能变出各种各样绝美的艺术品。

　　扎实的食品雕刻技艺为他继续从事面塑和翻糖奠定了结实的基础。现在，他致力于把中国传统的面塑工艺和欧洲的翻糖蛋糕相互结合，让中国传统面塑、雕刻等技艺以另一种方式传承，走向国际，让全世界听到来自泱泱中华的声音，向全世界输出中国文化之美。

思考：

1. 请你说说周毅在校学习食品雕刻时的表现怎样？

2. 成功人士对自我职业生涯规划的管理和执行上有哪些共性特点？

生涯导航

　　职业生涯规划管理是指对规划的实行、组织、指挥、协调和控制，从而高效地完成既定目标。在职业生涯的管理中，自我职业生涯管理是最重要的。既然给自己提出了任务要求，那就要执行，拒绝拖延和懒惰。要想你的规划有意义，你必须自律。自律首先要养成习惯，习惯养成了，规律的生活自然就开始了。很多同学过不了自律第一步，从一开始就倒下了，其实只要撑过自律这一步，以后就容易多了。

　　在职业生涯管理中，他人和集体在促进个人成长方面也起到重要的作用。马克思认为："只有在集体中，个人才能获得全面发展其才能的手段。"美国的教育家韦伯斯特说："人们在一起可以做出单独一个人所不能做出的事业，智慧＋双手＋力量结合在一起，几乎是万能的。"职业生涯规划虽然是个人根据实际情况作出的，但在管理和执行中，除充分发挥个人的管理力和执行力之外，还必须要适当借助他人，依靠集体团队的力量，促使个人取得更好的发展。

生涯体验

一、做一做

折纸游戏

制作一张印有 0 ～ 100 刻度的纸条，这手上的长纸条就代表你长长的一生。按照下面的步骤来操作：

1. 你现在多少岁？假如 16 岁，请将 16 个格子折到后面去，因为这些时间已经逝去。

2. 假设你 60 岁退休，请你再折下去 40 个格子。

3. 一天 24 小时中假设我们每天睡觉 8 小时，三餐合计 1 小时，休闲运动、交通走路、聊天交友等每天也算 3 小时，现在合计每天有 12 小时不能用于工作和学习，请将余下的时间对折。

4. 另外，一些个人爱好所占的时间、星期六星期日寒假暑假的度假时间、无聊或拖延的时间，请根据自己的情况折下去。

5. 分享感受（时间的宝贵）。

二、说一说

你把大部分时间花在了生活中的哪些方面？在哪些方面你投入的时间是有价值的？在哪些方面，则纯属浪费时间？

三、选一选

1. 未来学家在 20 世纪末预测，21 世纪人类的职业大约每过 15 年就要更新 20%，而 50 年后，现存的大部分职业将寿终正寝，取而代之的是我们现在难以想象的职业，这说明（ 　　 ）。

A. 中职生必须树立终身学习的理念，在校期间就养成自学的好习惯，为职业生涯的可持续发展奠定基础

B. 随着经济社会发展和科技进步，一个人一生只能从事一种职业

C. 人类职业的演变在 21 世纪要比 20 世纪快好多

D. 人类职业的演变在 21 世纪将会是我们现在难以想象的

2. 当自我激励和督促不能起到预期效果时，我们可以请（ 　　 ）来监督自己。

①朋友　　　　②同学　　　　③家人　　　　④老师

A. ①②③　　　　B. ①②④　　　　C. ②③④　　　　D. ①②③④

四、查一查

在职业生涯当中，能够完成 700 球的壮举，在历史上也仅有 4 位足球球员做到，现役更是只有 C 罗一人。30 岁，对于足球运动员来说，已经是职业生涯的分水岭，而 C 罗在 30 岁以后却比之前表现更加突出，这背后究竟是什么力量在左右？并不仅仅依靠天赋，始终坚持的科学训练、规律作息、合理饮食、认真态度共同构筑了屹立巅峰的 C 罗。

你今天的日积月累，早晚会成为别人的望尘莫及，这就是自律的意义所在！

除了 C 罗，请你查一查，还有哪些知名人士在职业发展过程中也是通过认真管理自己的生涯规划，最终收获成功的？

$$1.01^{365}=37.8$$
$$0.99^{365}=0.03$$

如果等式一告诉我们，每天进步一点点，进步就少一点。

$$1.02^{365}=1377.4$$
$$0.98^{365}=0.0006$$

那么等式二则告诉我们，只比你努力一点的人，其实，已经甩你太远。

每天进步一点点

年轻是学生的优势，但不是学生浪费时间的资本。时间是一种宝贵的资源，它不会停止，不能被租借，更不能储存，因此大家应该从现在开始，珍惜时间，合理支配时间，认真管理执行职业生涯规划。

当事情太多而时间太少，为了最大限度地达成目标，你可以通过哪些有效的方法来管理这些任务，让自己游刃有余？

生涯寄语

同学们，在学习生活中，你们是否有出现"常立志"的现象呢？那样不行，我们应该要有"立长志"的信念、决心和行动。制定职业生涯规划很重要，职业生涯规划的执行落实更重要。面对规划，我们要有所行动，要坚决执行，既尽力而为，又量力而行，一件事情接着一件事情办，一年接着一年干，幸福生活就是撸起袖子干出来的。

参 考 文 献

1. 钟谷兰、杨开，《大学生职业生涯发展与规划》，华东师范大学出版社，2008。

2. 肖作武、尹清杰，《大学生职业生涯规划与就业指导》，南开大学出版社，2012。

3. 刘家骔、郭桂萍，《高职大学生就业与创业指导》，北京师范大学出版社，2010。

4. 朱珠、曹露，《生涯设计》，北京师范大学出版，2009。

5. 彭明生，《大学生职业发展与就业创业指导》，2010。

6. 周金奚，《金华市技师学院优秀毕业生集萃》，2019。

7. 中华职业生涯网。

8. 中国人力资源开发网。

9. 浙江省人力资源和社会保障网。